MUJERES DE LUZ

6ª edición: agosto 2022

Título original: LIGHT IS THE NEW BLACK
Traducido del inglés por Elsa Gómez Belastegui
Diseño de portada: Editorial Sirio, S.A.
Maquetación y diseño de interior: Natalia Arnedo

© de la edición original
2015, Rebecca Campbell

Publicado inicialmente en 2015 por Hay House UK Ltd.

Para oír la radio de Hay House, conectar con www.hayhouseradio.com

© de la presente edición
EDITORIAL SIRIO, S.A.
C/ Rosa de los Vientos, 64
Pol. Ind. El Viso
29006-Málaga
España

www.editorialsirio.com
sirio@editorialsirio.com

I.S.B.N.: 978-84-17030-60-5
Depósito Legal: MA-69-2018

Impreso en Imagraf Impresores, S. A.
c/ Nabucco, 14 D - Pol. Alameda
29006 - Málaga

Impreso en España

Puedes seguirnos en Facebook, Twitter, YouTube e Instagram.

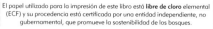
El papel utilizado para la impresión de este libro está **libre de cloro** elemental
(ECF) y su procedencia está certificada por una entidad independiente, no
gubernamental, que promueve la sostenibilidad de los bosques.

REBECCA CAMPBELL

MUJERES DE LUZ

EDITORIAL SIRIO

PARA BLAIR,
QUE NUNCA ATENUÓ SU LUZ

QUE NADA ATENÚE LA LUZ QUE BRILLA EN TU INTERIOR.

MAYA ANGELOU

ÍNDICE

△

DEL UNIVERSO A TI A TRAVÉS DE MÍ

Una cosa es escuchar; poner en práctica lo que se ha oído es otra. Al principio de despertar a las llamadas del alma, me faltaban la valentía, la confianza, el apoyo interior y los medios prácticos, no para escuchar las llamadas del alma, sino para dejar que guiaran de verdad mi vida. Faltaban piezas, era necesario emprender un viaje. Invoqué al Universo y a los maestros espirituales para que me ayudaran. Este libro es el resultado de ese viaje.

Puedes leerlo de una sentada, un capítulo al día o abrirlo al azar en busca de un poco de orientación instantánea. Encontrarás a lo largo del sendero que te propone ejercicios, mantras y afirmaciones para activar tu luz. Los he creado con la intención de orientarte, no solo sobre cómo escuchar las llamadas de tu alma, sino también sobre cómo actuar conforme a ellas.

Aunque he sido yo quien ha escrito estas páginas, no puedo atribuirme la autoría de todas ellas. Son una combinación: el viaje de una niña (ese sí sería mío), mensajes canalizados del Universo y de los Consejos de la Luz, lecciones aprendidas de mis profesores, así como poemas, oraciones y las palabras de aliento que más necesitaba oír.

No existe una palabra que pueda captar por entero la majestuosa presencia iluminadora que nos conecta a todos los seres. Sin embargo, en un intento de dar con ella, he utilizado los términos *Fuente*, *Universo*, *Luz*, *Dios* y *Gracia*. Si el término que en cada ocasión he utilizado no te dice nada, tómate la libertad de sustituirla por el que tenga sentido para ti.

Utilizo también la expresión *trabajadora de la luz*, con la que me refiero a quien elige conscientemente responder a la llamada del espíritu/el alma/la Fuente/la luz en lugar de a la llamada del ego/el miedo/el afán de control/la oscuridad. Por el simple hecho de leer este libro, estás activando tu luz. Gracias por hacerlo.

Rezo por que este libro evoque en ti el recuerdo del precioso ser que ya eres y que siempre has estado destinada a ser.

Rezo por que nunca te sientas sola, por que siempre encuentres la luz que brilla detrás de las sombras y la valentía para responder a las tenues y constantes llamadas de tu alma.

Rezo por que encuentres la inspiración, el valor, la confianza, el apoyo interior y los medios prácticos no solo para actuar conforme a las llamadas de tu alma, sino para permitir que guíen tu vida.

Rezo por que le reveles al mundo el auténtico regalo que ya eres y por que elijas servir al mundo siendo tú.

El mundo no solo necesita luz; necesita tu luz inigualable.

Con todo mi amor,

Rebecca

EL MUNDO SERÁ
SALVADO POR LA
MUJER OCCIDENTAL.

INTRODUCCIÓN

*Nunca dudes que un pequeño grupo de ciudadanos
comprometidos pueda cambiar el mundo.
De hecho, es lo único que lo ha logrado.*

MARGARET MEAD

En la Cumbre de la Paz celebrada en Canadá en 2009, el dalái lama dijo: «El mundo será salvado por la mujer occidental», y fue un llamamiento a la acción dirigido a las mujeres de todo Occidente. Este libro es una respuesta a ese llamamiento.

Es un libro dirigido a una nueva raza de mujeres y hombres que están aquí para ser luces radiantes en este mundo: las trabajadoras y trabajadores de la Luz de nuestro tiempo, cuyas almas aceptaron estar presentes en este momento de la historia para conducirnos a la Era de la Luz (guiada por el espíritu y la Energía Divina Femenina). Lo sé porque soy una de ellas y sé que no estoy sola.

Sobre esta época que estamos viviendo justo ahora, han profetizado los místicos y sabios de todos los tiempos. Es una época de la historia en la que la humanidad entera está recibiendo un llamamiento a abrazar nuestro yo más verdadero, luminoso y auténtico y a levantarnos.

Para cumplir nuestro propósito en la Era de la Luz, todo lo que hay en nuestras vidas debe ser expresión auténtica de quienes verdaderamente somos. Se está produciendo un cambio global, en el que la falta de autenticidad ya no tiene cabida. Aferrarnos a relaciones, trabajos, estilos de vida o cualquier cosa que no esté alineada con el fluir del Universo (y con quienes verdaderamente somos) nos resulta cada vez más difícil. Es como si nuestros cimientos internos y externos se estuvieran desmoronando, a fin de que nos reconectemos con la auténtica luz que brilla en nuestro interior, para que podamos volver a fluir en armonía con el Universo. Y el desmoronamiento no parará hasta que nuestros mundos interior y exterior estén alineados.

Aparentemente de la noche a la mañana, la vida entera se me empezó a desmoronar. Por mucho que intentara mantenerlo todo en pie, nada que naciera del miedo, la necesidad, la imposición, el ansia de control o la falta de autenticidad conseguía sobrevivir.

Llevamos demasiado tiempo viviendo en una sociedad patriarcal, en la que las fuerzas egoicas del miedo, la inconsciencia, la segregación y la dominación han estado en primera línea. Durante este tiempo se han hecho avances admirables en tecnología, nivel de vida y educación, y sin embargo los seres humanos estamos más deprimidos y más solos que nunca.

Salir del patriarcado no consiste en que lo femenino domine a lo masculino, sino en vivir en unas condiciones más equilibradas que nos permitan abrazar la autenticidad de quienes somos y darnos cuenta de nuestra interconexión, de que formamos parte de un todo mayor. El creciente aspecto femenino existe tanto en las mujeres como en los hombres. Por eso, cuando digo «ella» o «hermana», me dirijo a la cualidad femenina compasiva, protectora, intuitiva y consciente que ha empezado a despertar con rapidez y que invita a esa parte de cada mujer y cada hombre a levantarse y dar un paso al frente.

A la vista del estado en el que se encuentra el mundo, no podemos continuar como hasta ahora. La Madre Tierra insta a un nuevo despertar de la conciencia para que podamos sobrevivir en este magnífico planeta que consideramos nuestro hogar. A un cambio, de la agresividad a la compasión, de lo establecido a lo verdadero, del miedo al amor, de la segregación a la unidad, del dogma indiscutido a la fe, del hemisferio izquierdo al derecho, de la guerra a la paz, de la fuerza a la fluidez, de la inconsciencia a la consciencia y de los procesos lineales incuestionables a las soluciones no ortodoxas ingeniadas por el pensamiento lateral.

Cada persona de este mundo lleva dentro una luz que espera para guiarnos de vuelta a casa. El propósito de nuestra alma es irradiar esa luz, que es nuestra, como solo nosotras podemos hacerla brillar. Al hacerlo, despertamos algo en las demás y las inspiramos a hacer lo mismo.

En estos momentos, a todas se nos llama a alinear nuestras vidas y responder a las profundas inquietudes de nuestras almas. Estoy convencida de que, si lo hacemos, podemos entrar en una nueva etapa de la historia de la Tierra: un tiempo en el que las energías masculina y femenina recuperen su equilibrio natural y reconozcamos la interconexión de todos los seres vivos.

A medida que la luz vaya encendiéndose en cada una de nosotras, avivaremos espontáneamente esa luz en las demás y nos levantaremos juntas.

Creo sinceramente que podemos cambiar el mundo, persona a persona, con conciencia y autenticidad.

Y creo sinceramente que tú estás aquí para abrir camino.

Levántate, hermana, levántate.

△

LEVÁNTATE, HERMANA, LEVÁNTATE

Cuando tus planes y proyectos y tus esperanzas
y sueños ruegan que te desprendas de ellos.

Levántate, hermana, levántate.

Cuando la vida que tan conscientemente has
creado se desmorona entera.

Levántate, hermana, levántate.

Cuando sientes pesada el alma y el corazón partido en dos.

Levántate, hermana, levántate.

Cuando has dado lo mejor de ti, y no ha sido suficiente.

Levántate, hermana, levántate.

Cuando te han sometido y humillado
y te sientes muy lejos de casa.

Levántate, hermana, levántate.

Cuando estás rota en mil pedazos,
sin la menor idea de dónde encajar ninguno.

Levántate, hermana, levántate.

Cuando has amado y perdido. Y luego has vuelto a perder.

Levántate, hermana, levántate.

Cuando te han cortado las alas, desalentado
el espíritu, y solo oyes un susurro.

Levántate, hermana, levántate.

Cuando por fin imploras a tu llamada que tenga misericordia de ti
pero no tienes ni idea de por dónde empezar.

Levántate, hermana, levántate.

Levántate por ti. Y levántate por mí.
Pues cuando tomas la iniciativa y te levantas,
alumbras el camino para *Ella*.

△

RECRÉATE EN LA LUZ

Vivo entregada a hacer todo lo que pueda por alentarte a que te levantes. La visión que he tenido desde el principio para *Mujeres de luz* es más extensa de lo que contienen estas páginas. A continuación te hago unas cuantas sugerencias para que puedas recrearte un poco más en la luz mientras lees.

www.LightIsTheNewBlack.com

En www.lightsthenewblack.com encontrarás meditaciones, herramientas, entrevistas gratuitas y otros regalos.*

#LightIsTheNewBlack

Comparte lo que lees e ilumina a otras personas utilizando el *hashtag* #LightIsTheNewBlack.

Abastécete de Luz

A lo largo del libro hago referencia a mi meditación para abastecerme de Luz. Si quieres obrar grandes cambios en tu vida, puedes descargarla gratis (¡yupi!) en www.lightisthenewblack.com.* Prueba a practicarla durante veintiún días y observa cómo el Universo empieza a trabajar a tu favor.

---

* N. de la T.: sin traducción al castellano, por el momento.

Banda sonora de *Mujeres de luz* en Spotify

Mientras lees, dales un poco de luz a tus oídos escuchando la lista de reproducción gratuita que encontrarás en www.lightisthenew-black.com.

Primera parte

PERDERLO TODO. ENCONTRARME A MÍ

El viaje de una niña

$\triangle$

SUSPENDE LA BÚSQUEDA: HE ESTADO SIEMPRE DENTRO DE MÍ

Todas tenemos una luz interior, eternamente a la espera de guiarnos a casa. Pero a veces el Universo apaga todas las luces, y no tenemos más remedio que encontrar la nuestra. Quizá en tu caso haya sido así; indudablemente en el mío lo ha sido.

Desde que tengo memoria, he sabido de algún modo que estaba aquí por una razón. Sabía que tenía un propósito, una misión, pero saberlo me causaba solo desasosiego. Era como cargar con el peso de una enorme responsabilidad. Sentía que tenía algo urgente que hacer y que se me agotaba el tiempo.

¿Conoces esa sensación de tener una tarea o un trabajo que hacer durante el fin de semana y de no poder relajarte hasta haberlo terminado?

Bueno, esa era la sensación constante que tenía. Como si hubiera algo que se me olvidaba, un susurro que no conseguía entender qué decía. Era una sensación inquietante y persistente: estaba en mí cuando me iba a dormir, en mí en mitad de la noche y en mí cuando me despertaba por la mañana.

Me había pasado la mayor parte de mi vida buscando respuestas externas, echando mano de lo primero que encontraba, en un intento por acallar el sutil dolor, la añoranza, el anhelo y la llamada que me llegaba de lo más profundo del alma, que me decían que había algo que estaba pasando por alto. Que había algo más.

Probé con las relaciones amorosas, el trabajo, los viajes, la comida, el alcohol y las fiestas, pero nada de ello acababa de dar en el clavo. Intenté llegar hasta los confines del planeta, en busca de algo que no conseguía saber qué era...

Batallaba, forcejeaba, intentaba controlarlo todo, en lugar de escuchar, confiar y permitir. Tuvo que derrumbárseme la vida entera para que me diera cuenta de que todo lo que buscaba había estado siempre dentro de mí.

Mi alma había estado siempre llamándome.
Solo que yo miraba en otra dirección.

LO QUE CREÍ QUE ERA TOCAR FONDO

Para cuando llegó el año 2011, parecía que mi vida se sostuviera en pie pendiendo de un solo hilo, y que en cualquier momento la torre entera se derrumbaría.

Había nacido en Australia, y acababa de hacer realidad el sueño profesional que desde hacía tanto ambicionaba: ser directora creativa de una agencia de publicidad londinense antes de cumplir los treinta. Pero cuando lo conseguí, no sentí nada. ¿No era esta la meta para la que tanto había trabajado? ¿Por qué me había sacrificado tanto? De la noche a la mañana supe que mi profesión ya no concordaba con mi alma.

Además, la relación de pareja que había mantenido durante más de diez años estaba en las últimas, pero me negaba a admitirlo. Matt y yo nos habíamos conocido en la universidad. Era imaginativo, sensible y divertido. Su manera de ser alegre y desenfadada resultaba descabelladamente atractiva y me quedé prendada de él de inmediato.

Los dos primeros años fueron estupendos, pero con el tiempo fuimos enredándonos más y más y quedándonos más y más atascados. Matt había sufrido de depresión crónica durante varios años. Viviendo en Londres, lejos de la atención de nuestras respectivas familias, ignoramos la realidad de la situación.

Yo me negaba a admitir que todo estuviera perdido y me dejé la piel probando un millón de maneras de arreglar las cosas, en lugar de rendirme y aceptar lo que ocurría. Mi don para ver el potencial que hay en cada persona no nos estaba sirviendo para nada a ninguno de los dos.

Cuanto peor parecía ir todo, más me esforzaba por mantener la relación a flote. Cuanto más me esforzaba por mantener la relación a flote, más ignoraba las llamadas del alma. Cuanto más ignoraba las llamadas del alma, más dejaba de fluir con el Universo. Cuanto más dejaba de fluir con el Universo, más sola me sentía.

No había sentido verdadera alegría en el corazón desde hacía años, pero la idea de no estar con Matt me resultaba insoportable. Nos queríamos con locura, pero la verdad es que éramos buenos amigos más que una auténtica pareja. Cada día que pasaba, me sentía más atrapada y estancada en la vida que me había esforzado tanto por crear. Pero me costaba demasiado hacerme a la idea de decirle adiós a la persona que había estado a mi lado durante toda mi juventud. Me aterraba pensar en quedarme sola y en que nada llegara a ocupar su lugar.

Mi mundo exterior no se encontraba en sintonía con el interior. Estaba muy lejos de fluir con el Universo. Sabía que el alma me llamaba a hacer un cambio profesional drástico: atender a mi pasión por el desarrollo espiritual, la intuición y el viaje del alma. Pero me aterraba salir del armario espiritual y darles la espalda a los grandes logros profesionales y la red de contactos que con tanto esfuerzo había creado.

Empecé a despertarme a las 3.13 de la madrugada noche tras noche, empapada en sudor, sin aliento. Sola en la cama, oyendo a Matt al final del pasillo todavía delante del ordenador. La soledad que sentía era palpable. A veces me ponía de rodillas en el suelo y lloraba, suplicándole a Dios que hiciera un milagro y me sacara de allí, porque a mí me faltaba el valor para irme.

△

ROTA

El 15 de abril de 2011, me desperté con la noticia de que a Blair, uno de mis mejores amigos, le habían diagnosticado leucemia mieloide aguda. El corazón se me hundió y traspasó la cama en un intento desesperado por volver a Australia. Blair ocupaba una parte de mi corazón a la que no había llegado ninguna otra persona del planeta. Con él, podía dejar que brillara al completo mi yo más verdadero, más luminoso, más auténtico. Él conocía mis sueños secretos y tenía sueños similares.

En cuanto nos conocimos se estableció una conexión de almas instantánea. Lo quise de inmediato. Blair tenía un carisma contagioso, y lo asumía por completo. No tenía miedo de mostrarse en toda su plenitud, y animaba a los demás a hacer lo mismo: amante de la vida, un ser humano excepcional y el rey de los buenos momentos.

Blair era la única persona de mi edad a la que podía hablar con franqueza de mi vida espiritual. La noche que nos conocimos, descubrimos que ambos estábamos leyendo el mismo libro, *El camino de los trabajadores de la luz*, de Doreen Virtue. Hacíamos planes de escribir libros y «cambiar el mundo» juntos. Pero primero triunfaríamos en nuestras profesiones respectivas (él como actor y yo como directora creativa), y luego utilizaríamos nuestra posición e influencia para cambiar el mundo.

A medida que pasaban las horas, el estado de Blair empeoraba. Le imploré a la vida una señal que me indicara si debía volar a Australia o no. Dos minutos después, estaba sacando algo del armario cuando el armatoste entero se abalanzó contra el suelo, vaciando ante mí todas y cada una de las prendas que contenía. Lo tomé como una señal y me embarqué en el siguiente vuelo.

Para cuando subí al avión, el estado de Blair había seguido empeorando, y se encontraba en un coma inducido. En el curso del largo vuelo a Australia, en algún punto entre Europa y Oriente Medio, sentí físicamente su presencia. Sentí literalmente el peso de su cuerpo ejerciendo presión sobre el mío. Me llegó el olor de su loción de afeitado y la calidez de sus labios besándome en la frente. Su mano me presionó el pecho y calmó el dolor que sentía en el corazón. Y en ese momento, supe que había muerto.

Años antes, habíamos hecho un trato: el primero que muriera tenía que visitar al otro de inmediato, para hacerle saber que estaba bien, disfrutando en el más allá.

Para la edad que yo tenía entonces, había vivido otras muertes de cerca. Pero esa vez era diferente. Blair era diferente. Eso no era parte del plan.

Caí en un oscuro abismo de resentimiento, del que nadie era capaz de sacarme.

▽

Un par de meses después perdimos de repente a otro amigo muy querido, del mismo círculo de amigos estrechamente unidos.

El Universo no se cansaba.

Me sentía engañada, amargada y enfadada. No me quedaban fuerzas para seguir luchando. Le exigía a Dios una compensación.

A pesar de que Matt y yo habíamos estado juntos acompañándonos en el dolor por la muerte de nuestros amigos, un domingo de octubre, después de celebrar mi treinta cumpleaños, acordamos poner fin a la relación. Y cuando quise darme cuenta, miraba cómo desaparecía en la distancia un taxi negro, llevándose a la persona con la que había pasado toda mi juventud..., calle abajo hacia el otro lado del planeta y fuera de mi vida.

Se acercaba el invierno. Estaba sola, desamparada, y muy lejos de casa.

△

SE DESMORONAN LOS CIMIENTOS

L o único que me ayudó a superar los meses que siguieron fue la ética del trabajo que mis padres me habían inculcado. Los elegí bien.

El dolor me atenazaba en el momento menos pensado: en la mesa de trabajo, en el metro, en un pasillo del supermercado, mientras iba andando por la calle.

Mi familia y mis amigos insistían en que volviera a Australia, pero en lo más hondo tenía el convencimiento de que era una situación que necesitaba afrontar sola. Necesitaba aventurarme en las cavernas más oscuras e intentar encontrar la salida.

En un intento de hacer borrón y cuenta nueva, me mudé a un pequeño estudio de Notting Hill, en el corazón de Londres. Al cabo de una semana, descubrí que incluso eso se estaba viniendo abajo. Los cimientos del edificio se estaban desmoronando literalmente a mi alrededor.

Todas las estructuras que tenía ante mí exigían que se las reemplazara. No se me escapaba la ironía de todo ello. El mundo me hacía de espejo.

Una noche, sentía que no podía más y estaba a punto de tirar la toalla. En el mismo instante en que las lágrimas me rodaban incontrolables por las mejillas, las tuberías explotaron, transformando mi casa en un pestilente mar de acuosa desesperación. «¿Esto está pasando de verdad, Universo?».

De pronto estaba en medio de la moqueta empapada en actitud de rendición total, rezando y pidiendo (más bien suplicando) misericordia. La oración no tenía ni gota de elegancia; decía algo así como:

«Dios... Por favor, ayúdame.
Por favor Dios ayúdame.
En serio, me rindo.
ME RINDO.
ME RINDO, ¡M*****!
¡J****, no sé qué carajo quieres de mí!
¡No puedo seguir haciendo esto, j****!
¡POR FAVOR, DIOS, AYÚDAME DE UNA MALDITA VEZ!
¿QUÉ DEMONIOS QUIERES QUE HAGA?».

Entonces, de repente, oí con claridad las palabras de Dios: «Vete a Chicago», seguidas de un sentimiento de calma y alivio supremos.

Y pensé: «¿Chicago? ¿Qué c*** hay en Chicago?».

Me devané los sesos, y la única persona que conocía en Chicago era mi profesora Sonia Choquette, con la que había estado formándome en Londres durante los últimos cuatro años. Sin darle a la cabeza tiempo de entrometerse, busqué de inmediato su página web y le envié un correo a su ayudante. Me contestó al momento diciendo que iba a impartirse un seminario privado de formación para profesores en Chicago la semana siguiente. No estaba abierto al público, pero quedaba una plaza libre y Sonia estaría encantada de que yo la aprovechara.

Mi mente protestó: «Tienes entre manos una campaña importantísima que se lanzará dentro de catorce días. No te quedan vacaciones. La casa se está viniendo abajo. Estás hecha un desastre, tienes los nervios destrozados... ¿De verdad quieres que te vean así? ¿Profesora tú?... ¡No me hagas reír! ¿Quién te has creído que eres? ¡Formarte para ser instructora espiritual cuando no eres capaz ni de poner orden en tu vida!».

Pero mi alma susurró: «Vete a Chicago».

Sabía que mi vida no tenía ningún sentido a menos que algo cambiara, así que pedí: «Si de verdad debo ir, dame una señal, y que sea una señal muy clara».

Cerré la llave de paso, le envié un mensaje de texto al propietario, me puse un pijama seco y volví a meterme en la cama semiflotante.

A la mañana siguiente cuando me desperté tenía un mensaje del propietario diciendo que había encontrado a alguien que podía venir a arreglar el apartamento, pero que tendría que irme durante una semana (a partir del día en que empezaba el seminario en Chicago). Me pedía mil disculpas y añadía que no hacía falta que pagara la renta del mes siguiente (equivalente al coste del curso y el viaje) y que él se haría cargo de los gastos del hotel donde decidiera alojarme mientras la casa estaba en obras (el coste del hotel en Chicago).

¡Te has portado, Universo!

Pero quedaba aún el colosal lanzamiento de la campaña...

Una hora después, al llegar al trabajo, me enteré de que la campaña se había retrasado por una metedura de pata del departamento de relaciones públicas. Y no te pierdas esto: el director ejecutivo me sugirió luego que me tomara algo de tiempo libre mientras todo estaba parado, ya que tendría que estar disponible una vez que la tempestad hubiera amainado, al cabo de un mes más o menos.

¡Te has requeteportado, Universo!

Capté la indirecta más que obvia, reservé un vuelo de inmediato y, por primera vez en mucho tiempo, me subí a la alfombra mágica y confié en el paseo.

$\triangle$

ENCONTRAR LA GRACIA

Desde el momento en que monté en el avión hasta que estuve sentada en Chicago delante del fuego secándome el corazón encharcado, tuve la sensación de estar exactamente donde tenía que estar. Sentía a Blair animándome. Era como ser la protagonista de una película que ya había visto. Un *déjà vu* interminable. Como si la vida me acunara. Dormí toda la noche de un tirón por primera vez desde hacía siglos y, aunque tenía el corazón aún dolorido, me desperté llena de una luz nueva, de esperanza.

La noche siguiente, después de un día muy largo, me encontré sentada delante del músico devocional Gurunam Singh y su atractivo y sensual percusionista, Chris Maguire, que habían venido a tocar para nosotros.

Tras haber escuchado varias canciones y cantado a coro los estribillos, mi corazón se abrió un poco más y, a través de las grietas, mi alma avanzó obedientemente. Mi mirada se encontró con la de Gurunam y sentí que me abrazaba el alma. Estaba a punto de experimentar la curación más extrema de mi vida. (Entra en www.lightisthenewblack.com para descargar esta canción rebosante de gracia). Cantó:*

---

*N. de la T.: original en inglés: *Give up all your hopes and your dreams./Give up all your plans and your schemes./Give up the fear of darkness surrounded in the light./Give up fear of being wrong and the need to be right./Unto thee, unto thee, unto thee, unto thee./Unto thee, unto thee, unto thee, unto thee./Unto thee, unto thee, unto thee, unto thee./I give everything I am... unto thee.*

Abandona todas tus esperanzas y tus sueños.
Abandona todos tus planes y tus proyectos.
Abandona el miedo a la oscuridad envuelto en la luz.
Abandona el miedo a estar equivocado y la necesidad de tener razón.
A ti, a ti, a ti, a ti.
A ti, a ti, a ti, a ti.
A ti, a ti, a ti, a ti.
Todo lo que soy... te lo doy a ti.

En aquel momento, me di cuenta de cuánto tiempo había perdido intentando controlar y dirigir mi vida por la fuerza. Estaba absolutamente agotada de tratar de mantenerlo todo atado durante tanto tiempo.

No me quedaban fuerzas para seguir luchando y era hora de aflojar las riendas. Mientras Gurunam seguía cantando, lloré la muerte de Blair. Lloré por el fin de la relación con Matt, por la familia que nunca formaríamos y por la hija a la que no había llegado a conocer (había tenido un aborto hacía un año).

Lloré por la voz interior a la que había ignorado durante tanto tiempo. Lloré por todos los años que había vivido instalada en mi aspecto masculino, forcejeando y luchando en lugar de dejar que la vida me ayudara. Lloré por la mujer exuberante que había en mí y que tanto deseaba aflorar. Lloré por todo el tiempo que había pasado buscando fuera de mí, cuando el único sitio en el que necesitaba buscar era en mi interior. Lloré desconsoladamente por la luz que relucía en el fondo de mi corazón, y que seguía brillando con fuerza por más que yo había intentado apagarla.

El pasado, el presente, pero sobre todo el futuro: lloré por todo. Y durante aquellos tres minutos y treinta y nueve segundos, el ego finalmente claudicó y le pidió al alma que se pusiera al frente.

En aquel breve instante, conecté con un espacio dentro de mí que solo puede definirse como Gracia. Me entregué. Entré en contacto con Dios..., o más bien percibí cómo Dios entraba en contacto conmigo. Volví a casa. Comprendí que, aunque me sentía aislada, en realidad formaba parte de un todo mayor, de una unidad trascendente, y por tanto nunca estaba en realidad separada ni sola.

Comprendí que si sentía que nada me apoyaba era únicamente porque no me apoyaba a mí misma. Si me sentía sola era únicamente porque había ignorado las llamadas de mi alma. Y por primera vez pude ver más allá de la devastación y sentir de verdad la generosa luz de la Gracia.

Estaba descubriendo, y sin embargo a la vez recordando, quién era de verdad. Como los espacios más profundos de mí, que ya lo sabían, y decían: «Sí, sí, es por aquí».

Viví una vuelta a casa, a mi auténtico yo, distinta de nada que hubiera vivido antes, y sentí cómo mi alma se regocijaba.

Mientras Gurunam cantaba la siguiente canción, *The Grace of God* [La gracia de Dios], experimenté un fogonazo que fue como la madre suprema de las revelaciones, y entendí finalmente qué era lo que llevaba buscando desde hacía tanto tiempo.

Toda mi vida había tenido una extraña fascinación por algo llamado «determinismo nominativo», la relación entre el nombre de una persona y su vocación o propósito en la vida, como pequeñas señales llegadas de los cielos. Por ejemplo, William Wordsworth fue escritor, Larry Speakes es orador de la Casa Blanca, Tracey Cox es terapeuta sexual y Lisa Messenger es la fundadora de la revista *Collective*.[*] Pero mi nombre siempre me había decepcionado un poco. En hebreo, Rebecca significa «cordón anudado», «atar» o «aunar».

Yo no quería ser una colectividad y mucho menos un cordón anudado. Entonces caí en la cuenta. Hasta aquel momento, me había pasado la vida buscando algo que le diera sentido, intentando desatarme del nudo de pensamientos que me hace ser yo, *Yo*.

Mi apellido, Campbell, significa en gaélico escocés «boca torcida» (gesto de autenticidad, en el mejor de los casos), lo cual, teniendo

---

[*] N. de la T.: traducido literalmente del inglés, *words worth* significa «el valor de las palabras»; *speak* significa «hablar», *trace* es «trazar, delinear» y *cox* puede traducirse como «timonel» o «capitán». *Messenger* significa «mensajero».

en cuenta la cantidad de tiempo que había ignorado a la voz interior y me había ocultado en el armario espiritual, resultaba bastante apropiado. Pero de repente vi, plantado justo en medio, mi segundo nombre: Grace.*

Sin tan siquiera tener conciencia de ello, Gracia era exactamente lo que llevaba buscando mi vida entera y había estado siempre justo ahí, dentro de mí. Buscando al norte, al sur, al este y al oeste empeñada en controlar las cosas, en hacer que ocurrieran por la fuerza, cuando lo único que de verdad necesitaba era rendirme a las suaves llamadas de mi alma y dejar que la luz de la Gracia me guiara.

---

*N. de la T.: Gracia.

VIVIR EN LA LUZ

Mi luz interior brillaba con fuerza. Estaba en casa. Ahora que la había encontrado, de ningún modo iba a dejar que se me escapara. Juré decir «sí» a cada tenue llamada del alma, tanto si tenía lógica como si no. Juré hacer todo lo posible por no volver nunca a darme la espalda.

Justo como reza el dicho «cuando el alumno esté listo, aparecerá el maestro», al día siguiente nos enseñaron una forma de meditación llamada abastecerse (de la que te hablaré en la página 228 y que puedes descargar en www.lightisthenewblack.com). Con esta sencilla práctica, aprendí a llenarme por entero de la energía de la Fuente (de la que todos formamos parte), y dejé de recurrir a lo exterior para buscarla.

Empecé a abastecerme y a escuchar las llamadas de mi alma todos los días sin excepción. Lo convertí en una parte innegociable de mi vida.

Me presentaba a ella todos los días.

Al cabo de unos meses, mi vida era irreconocible. Me sentía apoyada porque me estaba apoyando a mí misma. Mi alma estaba contenta porque atendía a sus llamadas. Los cimientos de mi ser se fortalecieron porque me alimentaba desde dentro. Gracias al acto diario de soltarme, recibir y permitir que se me ayudara, pude sanar a mi corazón dolorido y dejar que la luz interior me señalara el camino.

Continué edificando mi vida, dejando que se quedara solo aquello que me servía.

El alineamiento fue clave.

Reemplazando el «debería» y «podría» por anhelos profundos y un «¿por qué no?», bailaba, respiraba, me sacudía de encima unas cosas y acogía otras. Solo dejaba entrar a personas, experiencias y situaciones que me llenaran, que me alegraran el corazón y me hicieran sentirme entera.

Tras tomar la decisión consciente de no iniciar una relación amorosa hasta estar completamente curada y entera, descubrí que no necesitaba a otra persona para estar EN-amorada. Vi que podía estar EN-AMORada (en la corriente del amor) estando sola.

Al llenarme a mí misma primero, descubrí que en mis relaciones me mostraba más luminosa y más plena que nunca. Capa a capa, me permití despojarme de todo hasta estar auténticamente desnuda y salir de verdad del armario espiritual.

Dejé el trabajo corporativo, y la consulta de asesoramiento espiritual despegó: mi amiga Robyn Silverton y yo fundamos *The Spirited Project** y empezamos a impartir sesiones todos los meses. Por pura serendipia, comenzó a llamar a mi puerta gente nueva (mi tipo de gente).

Luego conocí a un hombre que había estado embarcado en su propio viaje de vuelta a casa y lo invité a enamorarse (a estar en un espacio de amor) conmigo. No lo necesito en mi vida, pero te aseguro que quiero que esté en ella y lo amo en ella. En septiembre me pidió que me casara con él y respondí con un rotundo sí.

Mis plegarias recibieron una respuesta que ni siquiera me habría atrevido a imaginar. Lo único que necesitaba hacer desde el principio era rendirme y dejar que el alma con valentía guiara mi vida.

Se suspende la búsqueda. He estado siempre dentro de mí.

---

* N. de la T.: *Spirited* puede traducirse como «vivaz, enérgico, animado, animoso...». El proyecto se creó en 2012 con la misión de proporcionar un espacio para explorar, expresar y reconectar con lo espiritual. El objetivo de las reuniones, a través de diversas actividades, es ayudar a la gente a elevar su energía, y de ese modo elevar también la vibración del planeta.

△
DESPERTAR

Rebobinemos hasta los años noventa.

De tarde en tarde, el Universo conspira para que nuestro camino se cruce con el de alguien de tal forma que parece como si esa persona hubiera sido puesta en este planeta expresamente para nuestro beneficio. De no haber tenido lugar un determinado encuentro, ¿tal vez habría seguido dormida? Esto fue sin duda lo que ocurrió el día que conocí a Angela Wood.

Poco después de empezar a ir al instituto, a los catorce años, comencé a experimentar algo que solo puedo definir como mi primer despertar. Era empática por naturaleza, pero ahora cuando me cruzaba por la calle con gente a la que no conocía, percibía sus pensamientos y sentimientos más íntimos.

Ya el colmo fue lo que sucedió después de leer un artículo en la revista *Dolly* sobre una adolescente llamada Anna Wood, que había muerto trágicamente después de haber tomado éxtasis. En la entrevista la madre de Anna, Angela, hablaba abiertamente del dolor por la preciosa luz radiante de hija que había perdido. El artículo me llegó a lo más profundo del alma, y recuerdo que me dormí entre sollozos por la tristeza que me provocaba la madre de Anna, sin saber en realidad por qué ni ser capaz de expresar lo que pensaba.

Al día siguiente fui en autobús a la librería y compré *Anna's Story*, la biografía de Anna Wood. Un día más tarde, en el instituto, empecé a contarle apasionadamente a mi amiga cuánto me había conmovido el relato de Anna.

Abrí el libro por la página en la que se veía una fotografía de Anna con su madre y dije:

—Es muy extraño, no sé explicar por qué, pero siento un impulso incontenible de encontrar a Angela y darle un abrazo inmenso e intentar aliviar un poco su dolor.

Mi amiga dijo:

—La verdad es que es muy extraño. —Luego, levantó la vista, volvió a mirar el libro y a levantarla de nuevo y señaló diciendo—: Esa mujer que hay allí se parece bastante a la madre de Anna.

Alcé la mirada y vi a una mujer rubia, alta, que cruzaba el patio del instituto, y me di cuenta... ¡ERA ELLA! ¡Era Angela Wood!

Vacilé un instante, incapaz de asimilar la extraña serendipia de lo que estaba ocurriendo, pero luego, impulsada por una fuerza más intensa que mi mente o mi cuerpo, salí corriendo detrás de ella. El subdirector me interceptó con una pregunta y, en mitad de la frase, me giré y me encontré con que a Angela no se la veía por ningún lado. Con el corazón desalentado, terminé la conversación. Cuando me di la vuelta para dirigirme a donde estaban mis amigas, la vi, mirándome.

Todo pareció detenerse y vivimos un extraño momento en que nuestras almas se reconocieron... antes de presentarme y balbucear algunas palabras intentando expresar del mejor modo posible lo mucho que me había conmovido su relato, mientras sujetaba con fuerza el libro en la mano.

Angela me invitó a asistir a la charla que se disponía a dar a los alumnos de último curso. Con la certeza de que debía ir, me salté la clase de matemáticas y me colé en la charla, haciendo lo posible por pasar inadvertida. Después, esperé tímidamente para hablar con ella e hicimos planes de seguir en contacto.

Angela me diría más adelante que había sido su cumpleaños la semana que nos conocimos. Aquella mañana le había pedido a Anna un regalo de cumpleaños, y sabía que el regalo había sido nuestro encuentro.

Nos hicimos amigas enseguida. Nuestras familias se conocieron y se mostraron generosamente comprensivas hacia aquella relación un poco rara vista desde fuera.

Nos pasábamos horas con un café en la mano conversando embelesadas sobre el sentido de la vida, el más allá, el pesar, la muerte, vidas pasadas y ángeles. Intercambiábamos sueños, poemas, libros y teorías sobre la vida y el Universo. Aprendía de primera mano sobre el poder del corazón y la valentía del espíritu humanos. Escuchaba hora tras hora a Angela hablar sobre la vida y la muerte de la preciosa luz radiante de hija que había sido Anna. De cómo le había llegado al corazón a más gente en solo quince años que la mayoría de las personas en ochenta.

Rezo por ser capaz de hacer lo mismo.

Durante aquellos años solía bajarme impulsivamente del autobús escolar y subir la empinada cuesta en una especie de trance creativo; las palabras se me precipitaban dentro, y las tenía que escribir. Me brotaban del alma sin esfuerzo y con un sentimiento de gracia. Escribía sobre los acontecimientos del mundo, lo que ocurría cuando se muere, que nuestros seres queridos que han muerto en realidad nunca nos abandonan y cómo todos tenemos nuestro equipo particular de ángeles y guías espirituales que nos custodian. A menudo me despertaba a la mañana siguiente y no recordaba lo que había creado.

Echando la vista atrás, ahora comprendo que estaba viviendo una canalización…, aunque, tal vez, toda creatividad sea sencillamente eso: mensajes e ideas que esperan a nacer en personas que estén lo bastante abiertas para recibirlos.

Durante las vacaciones escolares a veces acompañaba a Angela en el coche a sus charlas, en las que hablaba de lo preciosa que es la vida, de que debemos abrazar a aquellos que son importantes para nosotros y decirles cuánto los queremos. Observaba admirada la facilidad con que el mensaje le fluía del corazón.

Rezo por que un día pueda hacer lo mismo.

Algo dentro se me había abierto de par en par, y todos los demás sucesos en mi vida parecían importar muy poco. Dedicaba todo el tiempo libre que tenía y el dinero que ganaba en pequeños trabajos ocasionales a aprender sobre el más allá, el propósito del alma, la regresión a vidas pasadas, el poder de los cristales, sanaciones y cualquier otra cuestión espiritual que estuviera a mi alcance. Y constantemente era como estar recordando conocimientos engastados en lo más profundo de mi alma.

Tan apremiante era la necesidad de estar con gente que pensara como yo que tomaba dos autobuses y un tren para llegar hasta la otra punta de Sídney y asistir a sesiones con sanadores y clarividentes, en las que me empapaba de todo con placer expansivo. Tenía un apetito insaciable. Según pasaba las páginas y escuchaba a los profesores, experimentaba lo que solo puede explicarse como una sensación de recordar y de volver a casa. Sentía que de algún modo había encontrado mi vocación y mi verdadero yo. A la vez, cuanto más conectada me sentía interiormente, más aislada me sentía en el exterior.

Unos años más tarde, justo después de graduarme en el instituto, Angela se trasladó al Reino Unido. Me quedé desolada y me pareció que había perdido a la única persona de mi vida que de verdad veía al auténtico ser que había en mí. Y en aquella época lo era.

Echaba muchísimo de menos relacionarme con gente de mi edad con la que poder expresar mis pensamientos más íntimos. Me sentía perdida, a caballo entre dos mundos: el de una adolescente normal y el expansivo mundo del alma y el espíritu.

Ya en aquel momento sabía que quería escribir libros y poner los medios necesarios para ayudar a la gente a sanarse, pero ¿qué podía conocer de sanaciones aquella jovencita cuando a ella aún no le había ocurrido nada importante de lo que sanar?

Así que todas las noches rogaba a Dios que me sucediera algo auténticamente espantoso, a fin de tener una razón externa para sentir todo lo que sentía y poder ayudar a sanar los corazones y las almas de los demás, que era lo que intuía que estaba llamada a hacer. Imaginaba que si hubiera tenido experiencias lo bastante trágicas, al menos habría podido escribir sobre ellas. Me despertaba cada mañana preguntándome cuándo me ocurriría la tragedia. Pero nunca llegaba. La vida era «buena» y me sentía más sola que nunca. Así que ignoré las llamadas de mi alma y decidí atenuar mi luz para encajar en el mundo.

Entré conscientemente en lo que ahora llamo mi «armario espiritual», guardando los estudios metafísicos en secreto. Esperaba a que llegara el día en que tuviera una justificación para hablar de todo lo que habitaba en lo más profundo de mí. Hasta que se presentara ese día, estaba decidida a guardármelo todo dentro.

△

VETE A LA M*****, DIOS

Avance rápido hasta 2012.

Seis meses después de la beatífica experiencia que había vivido en Chicago sabía que necesitaba sanar los retazos de dolor que quedaban, y mi alma me llamó a hacer un retiro de silencio en Asís con mi amiga Robyn.

Pasábamos las mañanas y las noches absorbidas en la meditación y dedicábamos los días a recorrer el camino de san Francisco, sembrado de flores silvestres, a ir de iglesia en iglesia y a atiborrarnos de comida italiana poco menos que orgásmica..., ¡qué voy a decir!, habría sido una descortesía no hacerlo.

Después de la meditación, la tercera noche se apoderó de mí una rabia inesperada e irreconocible que me salía a borbotones del fondo de las entrañas y que me inflamó al rojo vivo. Como no podía hablar (¡inmensa frustración!), agarré la libreta de notas y me encaminé hacia las colinas.

En un banco en medio de un prado bajo una enorme luna en Virgo, empecé a escribir furiosa lo que resultó ser una carta llena de odio dirigida a Dios.

Entre sollozos de desesperación me desahogué. Despotriqué y blasfemé contra Dios, exigiendo saber: «¿Qué he hecho yo para merecer todo esto? ¿Por qué aunque me he dejado la piel intentando darle coherencia a mi vida y hacer lo correcto, nada ha servido todavía para nada...? ¿Por qué esperas que crea en ti, si ni siquiera eres capaz de dar la cara?».

Estaba mosqueada. A lo bestia. Desde que era muy pequeña había tenido siempre la certeza de que Dios, el Universo, existía. Así que, como «creyente», me sentía estafada y desamparada. No me callé nada. En medio de sollozos de enfado, despotriqué durante páginas blandiendo la pluma, a veces atravesando el papel hasta la página siguiente.

Cuando finalmente me desahogué del todo, sentí una calma desbordante y cesaron los sollozos. De repente, la energía a mi alrededor cambió y vi cómo la mano se me empezaba a mover sola. Mientras la veía deslizarse de lado a lado de la página, entendí que Dios estaba escribiendo su respuesta.

Tú lo pediste, ¿no te acuerdas?
Dijiste que no estabas preparada para responder a la llamada de tu alma,
que no lo estarías hasta haber tenido algunas experiencias en tu vida.
Pues bien, ya tienes vivencias que contar, tal como pediste.
Ahora, Rebecca, es hora de ponerse a trabajar.

En un instante recordé todas aquellas súplicas que hice siendo más joven. Comprendí que el sufrimiento no me había ocurrido A mí, que había ocurrido PARA mí. Respiré hondo, recogí el cuaderno y me encaminé de vuelta a mi habitación.

Estaba preparada.

Por fin estaba preparada.

Me arrebujé en la cama, mirando por la ventana el cielo nocturno cuajado de estrellas, sabiendo que pronto amanecería la nueva mañana.

Empecé a escribir este libro al día siguiente.

Segunda parte

ENCIENDE
TU
LUZ

Volver a casa, a ti

DEAMBULAS
DE HABITACIÓN EN
HABITACIÓN
PREGUNTANDO
POR EL COLLAR
DE DIAMANTES QUE YA
LLEVAS ALREDEDOR
DEL CUELLO.

RUMI

△
RECORDAR

Creo sinceramente que todas tenemos una vocación y que en lo más hondo todas sabemos por qué estamos aquí. Puede que no lo recordemos conscientemente, pero nuestra alma sí. Y cada segundo de cada día hace todo lo posible por llamarnos a ello.

A medida que nuestra vida va desplegándose poco a poco, provoca destellos en la memoria y experimentamos momentos en los que sentimos: «¡Ah!, esto me resulta familiar», o «Cómo me gustaría profundizar más en esto», u «Ojalá pudiera pasarme la vida haciendo esto». Es casi como si ya hubiéramos estado aquí o hubiéramos visto esta parte de la película. Es posible que nuestra alma nos esté dando pistas por medio de ese nerviosismo o entusiasmo. Un cosquilleo en el estómago o un pequeño empujón hacia algo.

Estas pequeñas señales son casi constantes, pero pasan fácilmente inadvertidas. La mente no se fía de ellas, convencida de que tiene que ser mucho más complicado que dejarnos llevar por lo que nos hace sentirnos vivas y nos conecta con nuestra luz.

En 2008, durante una sesión de regresión a vidas pasadas, volví a un momento anterior a esta vida en el que los Consejos Supremos de la Luz me encomendaban una misión personal. Regresé a un inmenso espacio abierto, blanco, muy luminoso, en el que había reunidas también muchas otras almas. Aunque no era capaz de ver a otras «personas», percibía su energía en forma de bolas de luz blanca, vibrante, resplandeciente. Costaba distinguir dónde empezaba un alma y dónde terminaba otra. Era como la reunión más extraordinaria que puedas imaginar. Había una atmósfera eléctrica —una vibración de expectación total— igual que justo antes de un concierto de Beyoncé, Kylie Minogue o Lady Gaga. La energía de algunas de aquellas almas me resultaba familiar, como si me hubiera encarnado con algunas de ellas en una vida anterior.

Como grupo, se nos dieron las instrucciones para esta vida en la Tierra. Se nos informó de que en esta encarnación haríamos uso de la interconectividad de los nuevos medios de difusión y comunicación para crear un despertar espiritual a gran escala en el mundo occidental. Muchas emprenderíamos una carrera profesional en uno u otro campo de los medios de comunicación, donde aprenderíamos las técnicas que nos permitirían expresarnos y formaríamos una hermandad colaborativa de mujeres y hombres con anhelos y comprensión afines, movidas por la Energía Divina Femenina.

Se nos dijo que las misiones respectivas que se nos habían asignado estaban grabadas en lo más profundo de nuestro ser y que se nos enviarían personas y situaciones que nos despertarían del sueño en los primeros años de vida. En cuanto una de nosotras despertara y decidiera dar un paso al frente y activar su luz, avivaría un recuerdo engastado en lo más profundo de otra, sin importar lo cerca o lo lejos que estuviéramos físicamente.

Una vez que estuviéramos despiertas, cambiaría algo en nosotras; debíamos dejarnos guiar por aquello que nos conectara con nuestra luz y, de este modo, iluminar el mundo a nuestro alrededor. Al hacerlo, provocaría una reacción en cadena de despertar a gran escala. Luego todas recibimos información sobre la vida que habíamos elegido y nuestras misiones personales.

No podría decirte si había cien o cien mil almas allí conmigo porque la verdad es que parecía que fuéramos todas una —y así era, por supuesto (y es)—, un gran Ejército de la Luz. Si estás leyendo esto…, ¿quizá te encontrabas allí también?

ACTIVA TU LUZ
¿Qué quiere tu alma que recuerdes?

△

BIENVENIDA A LA ERA DE LA LUZ

Bienvenida a la Era de la Luz. (Ahora puedes brillar sin peligro). ¿Puedes imaginar que hay una parte de ti que anhela con valentía brillar intensamente?

¿Una parte de ti que no se deja dominar por el miedo y sabe exactamente para qué está aquí?

¿Una parte de ti que está más que lista para dar un paso adelante, para abrir camino, para dejar que se la vea plenamente?... Que se la vea de verdad.

¿Una parte de ti que está preparada para abandonar el esfuerzo y la lucha y permitir que el Universo te apoye por entero?

Hay una chispa dentro de ti que es única, un haz increíblemente inmenso y reluciente. Un fuego ultravioleta que hasta ahora ha sido reprimido, despreciado, abandonado, acallado, rechazado. Pero aun así, arde.

Cada día nuevo que llega, al avivar una a una esa llama, dejamos atrás la Edad Oscura y saltamos a la Era de la Luz, una época de la historia guiada por el espíritu en lugar de controlada por el ego.

Una a una, al hacer brillar nuestra luz, les recordamos a las demás que ahora pueden hacerlo sin peligro.

Salir del escondite. Romper el silencio.

Brillar entre las sombras, revelando nuestra luz interior en toda su autenticidad y su gloria.

Bienvenida a la Era de la Luz.

△
ESTÁS AQUÍ POR UNA RAZÓN

Nunca olvides cuál es tu verdadera identidad. Eres un luminoso
ser galáctico hecho de polvo de estrellas forjado
en el crisol del fuego cósmico.

DEEPAK CHOPRA

Formamos parte de un grupo de almas que acordamos estar aquí en este momento de la historia: un equipo destinado a hacer de faros luminosos en la transición de las sombras del patriarcado (esclavizado por el ego) a la Era de la Luz (dirigida por la Fuente y la Energía Divina Femenina).

Eres un alma muy consciente, y no todas las almas de la Tierra lo son. Esto no significa que seas mejor ni peor que nadie, sino sencillamente una manifestación distinta de la energía y de la historia de las almas. Es posible que a veces te sientas sola porque en lo más hondo sabes que no todo el mundo es como tú. Es posible que te sientas aislada porque le ocultas al mundo tu yo más verdadero, expansivo y radiante.

Has trabajado sin descanso para elevar tu vibración y ahora se te llama a lanzarte de verdad. Has experimentado mundos diferentes a este. Has vivido en diferentes dimensiones y diferentes planetas, y has encarnado diferentes dimensiones de tu verdadera esencia. Eres a la vez infinita y una.

Eres a la vez auténticamente única y
parte de un todo mayor.

Estás aquí para recordarle a la gente que tiene derecho a manifestar su plenitud. Tienes derecho a irradiar tu luz. Derecho a ser tú sin pedir disculpas. En realidad, más que tener derecho, es necesario que lo hagas para avanzar y florecer. Pero tienes que tomar la iniciativa.

Cuanto antes des un paso adelante y entres en la versión más auténtica de ti, antes se disiparán tus miedos, antes se desvanecerán tus preocupaciones, antes obrará la vida en tu favor. Más fluirás con la vida.

Ya estás completa;
¿por qué opones resistencia a lo que eres?

Cuanto más te afirmes en quien verdaderamente eres y dediques el tiempo a ser, en lugar de a hacer por llegar a ser, antes te llegará un apoyo como no hubieras imaginado ni en sueños. Y ten por seguro que lo recibirás.

△

ERES LUZ

Tu alma es manifestación sin igual de la luz de la Fuente, meticulosamente esculpida por tus experiencias individuales de vida en vida. Ensambladas del modo más perfecto para componer el magnífico conjunto de átomos que eres tú.

Tu cuerpo también es luz. Cada célula de tu cuerpo emite luz segundo a segundo. Tu conciencia sin igual genera biofotones con cada pensamiento. Lo mires como lo mires, estás hecha de luz.

Eres luz.

Irradiar nuestra luz es de hecho nuestro estado más natural. Cuando estamos conectadas con la luz que brilla en nuestro interior, estamos conectadas con la luz del Universo. Hay espacio más que suficiente para que todas las personas de este mundo nos expandamos y asumamos esa grandeza nuestra. Somos todas notas de la más sublime sinfonía. Nacemos para hacer brillar nuestra luz y expandirnos juntas.

Cuando nos conectamos con la Fuente, no necesitamos depender de ningún objeto externo para que nos llene. El suministro de energía de la Fuente (luz universal) es ilimitado. Jamás se agota. Hay de sobra para todas. Es de donde venimos y a donde retornaremos. Cuando establecemos contacto con esta fuente infinita de energía, nos sumergimos espontáneamente en el armonioso fluir del Universo y elevamos la vibración del planeta. Como el sol de la mañana, cuando irradias tu luz arrancas del sueño a las que duermen y las inspiras a despertar también.

SOY LUZ.

△

TU AUTÉNTICO YO ES TU LUZ

Está habiendo un cambio en estos instantes por obra del cual nada que no sea auténtico puede sobrevivir. Todo aquello que en nuestra vida ya no nos sirve ha empezado a desmoronarse. Las relaciones, trabajos, estructuras sociales o cualquier cosa construida sobre terreno inestable está destinada a venirse abajo.

Está ocurriendo para llevarnos de vuelta a casa, a quienes somos en realidad, a fin de que podamos vivir una vida que esté en sintonía con quienes somos y quienes hemos venido a ser. Pero cuando estamos en medio del ruido y la confusión, podemos interpretarlo como un ataque personal del Universo.

Al parecer se nos está haciendo un llamamiento que garantice que las vidas que forjamos son fiel reflejo de quienes estamos llamadas a ser —una correspondencia vibratoria entre nuestra vida y nuestra alma—. Si no lo son, los cimientos continuarán viniéndose abajo hasta que nos ocupemos de que lo sean.

El alma está esperando para guiarnos. Por eso ahora más que nunca es tan importante sintonizar con ella y escuchar su llamada. Y está siempre llamando. Para que volvamos a casa y nos conectemos con quienes somos, en lugar de recurrir a la gente y los objetos externos en busca de satisfacción, amor, sentido, alegría y para que nos llenen el tremendo vacío.

Nuestro auténtico yo es nuestra luz. El propósito de nuestra alma es abrazarla. Pero para ello no basta con fingir que todo es radiante y luminoso.

La vela más luminosa proyecta la mayor sombra.

Atravesar la sombra puede ser penoso, pero al final sin duda vale la pena.

△

CARTA A UNA TRABAJADORA DE LA LUZ

Creo sinceramente que llegaste a esta vida con un profundo
saber íntimo de lo que habías venido a hacer y un sistema
de guía interior para hacer que ocurra.

No hablo de un camino meticulosamente definido, que viene con un
manual de instrucciones, sino de una certeza inamovible y honda-
mente arraigada de que estás aquí por una razón. De que hay mucho
por hacer y el Universo te ayudará a lograrlo.

Creo sinceramente que hasta que respondas a esta llamada tendrás
siempre la sensación de que te falta algo y de que algo se te olvida.
Uses lo que uses para anestesiarla, seguirá ahí. La única forma
de detener la llamada es respondiendo.

Creo sinceramente que el mensaje que llevas impreso está arraigado
en ti con tanta firmeza que a veces te cuesta darte cuenta de
que no todo el mundo piensa como tú. Y es así.

Creo sinceramente que elegiste a tus padres. Por muy severos
o tolerantes, ricos o pobres, inteligentes o zafios, viejos o jóvenes,
atentos o atormentados que fueran, y por muy presentes
que estuvieran o no, los elegiste tú. Y al hacer esta elección

tan simple se te situó en el lugar exacto y se te dio exactamente
lo que te inspiraría a levantarte, a levantarte y entrar en ti,
a levantarte y entrar en tu yo más elevado y auténtico.
A ocupar tu puesto.

Creo sinceramente que las tragedias, las pérdidas, la tristeza
y el dolor de tu vida no te han ocurrido a ti, sino para ti.
Y doy gracias a lo que fuera que te hizo desplomarte,
quebrarte y abrirte, porque el mundo te necesita abierta.

Creo sinceramente que las lecciones de la vida tienen menos
que ver con acertar que con errar.

Creo sinceramente que estás mejor encaminada de lo que sientes,
incluso aunque no lo sientas —sobre todo si no lo sientes—. Porque
cuanto más te desvías del camino, más cerca estás en realidad de
abandonar el camino equivocado y adentrarte
en aquel que te llevará a casa.

Creo sinceramente que estás más cerca de lo que piensas y más
cualificada para hacer realidad tu mensaje de lo que jamás imaginarías.

Creo sinceramente que lo que has venido a enseñar es
precisamente lo que más necesitas aprender, y que los
mejores profesores son aquellos que más forcejean, porque
cuando se les hace la luz, es un fogonazo triple.

Creo sinceramente que la oscuridad es un proceso de gestación y que,
para encontrar tu luz, antes tienes que
aventurarte por entre las sombras de tu ego.

Creo sinceramente que para ser una luz en el mundo, necesitas
antes volver a casa, a quien de verdad eres, y luego mostrárselo con
valentía al mundo entero.

Creo sinceramente que estás rodeada de un equipo personal de ángeles, guías y maestros, tanto en este mundo como en el más allá, entregados tan íntegramente a tu desarrollo que, si lo supieras, no pasarías ni un día más preocupándote por si todo saldrá como debiera. Y si pudieras verlo todo desde su perspectiva..., cada vez que te encontraras con una dificultad la afrontarías con un grito de entusiasmo.

Creo en ti. Y en nosotras. Y en todo esto.

Así sea.

△
TU LUZ ES CONTAGIOSA

Tienes una luz en tu interior que ansía que se beneficie de ella todos los que te rodean, el mundo entero, pero sobre todo tú.

Cuando irradias tu luz sin igual, poco a poco iluminas la vida de quienes te conocen.

Y, uno a uno, los inspiras a irradiar su luz también.

Muy pronto, el mundo entero se ilumina.

Tu luz es contagiosa.

△

¿QUÉ ES UNA
TRABAJADORA DE LA LUZ?

Una trabajadora de la Luz es cualquier persona que dedica su vida a ser una luz radiante en el mundo. Entiende que sus acciones (da igual que sean grandes o pequeñas) tienen el potencial de elevar la vibración del planeta. Un alma trabajadora de la Luz está despierta, es consciente de que su presencia importa y de que forma parte de algo mayor que ella.

Las trabajadoras y trabajadores de la Luz no son solo un puñado de *hippies* y sanadores vestidos con ropa de diseño batik y peinados con rastas. Nada más lejos de la realidad. Son profesoras y cocineros, escritoras y cantantes, productores y limpiadores, madres y médiums, directoras creativas y diseñadores de caftanes. Están en el club de campo y en la sala de fiestas, en la cafetería y en el aula, en la sala de juntas y en la galería de arte.

Una trabajadora de la Luz es alguien que toma la decisión consciente de responder a la llamada de la Fuente (la luz) por encima de la llamada del ego (el miedo).

Hay dos tipos de energía en este planeta: luminosa y oscura.

La energía de la Luz es ilimitada y proviene de la Fuente. Tiene una alta frecuencia vibratoria, es expansiva, positiva y rebosa de amor. La energía oscura es mucho más densa. Es la manipulación, la lucha por el poder, el miedo. Nos considera individuos separados, en lugar de seres espirituales conectados. Va contra la corriente del Universo.

Quien está al servicio de la Luz enciende su luz dedicándose a hacer aquello que lo pone en contacto con esa luz, y la comparte luego con el mundo. Está sintonizado con las llamadas del alma y actúa conforme a sus susurros a pesar del miedo. No necesita convencer a nadie de nada, le basta con ser la luz.

Aunque algunas trabajadoras de la Luz que están vivas en este momento se encarnaron con la misión consciente de estar al servicio del Universo (y así lo han hecho durante vidas), hay incontables almas despertando a esta llamada a servir al mundo.

Cualquier persona que elija dedicar su vida a ser una luz
radiante en el mundo ES una trabajadora de la Luz.

No hay pretenciosas pruebas espirituales que superar ni trabajos de disertación que entregar. Los únicos requisitos son el deseo de conectar con nuestra auténtica luz y el anhelo de servir al mundo.

Yo lo llamo activar tu luz.

Por el simple hecho de leer este libro estás haciéndolo. Al entregarte a lo que te apasiona, estás activando tu luz. Al elegir un pensamiento más elevado cuando estás de mal humor, al animar a alguien y no criticarlo, al compartir tus dones únicos, estás activando tu luz. Al conectarte con el ilimitado suministro de amor que ofrece el Universo, al serte fiel a ti misma, al ser generosa y compasiva, estás activando tu luz.

Una trabajadora de la Luz es aquella persona que toma la decisión incondicional de hacer del mundo un lugar más luminoso estando presente en él. Cuanto más conscientes somos, más alta es nuestra frecuencia vibratoria y más sintonizadas estamos con la Fuente. Cuanto más conscientes somos, más nos damos cuenta de que todo está conectado y de que somos una pieza de un todo mayor.

Muchas trabajadoras y trabajadores de la Luz quizá descubran que, al elevarse su nivel de conciencia, se vuelven más sensibles a nivel energético y captan los sentimientos, pensamientos y energía de la gente. Tal vez te resulte difícil ver las noticias o películas violentas. Tal vez descubras también que cualquier relación entablada en el pasado que esté basada en la manipulación, el control y el miedo se va debilitando, pues a nivel energético ya no eres una igual para esa persona. En la tercera parte, «Usa tu luz», encontrarás infinidad de recursos prácticos para proteger tu energía y mantenerte centrada y apoyada.

Desde hace ya bastante tiempo, hemos vivido prioritariamente en un estado de inconsciencia. Para que la Madre Tierra sobreviva es necesario un despertar global. Ese despertar ya ha comenzado.

Creo sinceramente que eres una de las almas
que eligieron abrir camino.

△
LA DOBLE MISIÓN

Las trabajadoras de la Luz tienen una doble misión: elevar su conciencia y la conciencia del planeta.

Aquellas trabajadoras de la Luz que no son completamente conscientes de esta doble misión (o vocación) pueden tener una sensación molesta que no consiguen sacudirse del todo. Una inexplicable certeza de que hay algo que se les olvida hacer, y el tiempo apremia.

Muchas personas trabajadoras de la Luz tienen miedo a salir del «armario espiritual» y dejarse ver. Puede ser porque en el pasado (en vidas pasadas) fueron rechazadas o castigadas por expresar su verdad y alzarse.

Una vez despierta, al alma de las trabajadoras de la Luz suele resultarle penoso mantener conversaciones, trabajos y relaciones irrelevantes. Es como si tuviera un saber innato de que la vida ofrece mucho más y se sintiera constantemente empujada a rodearlo todo de ese «algo más» y ponerse manos a la obra. Seguirá inquieta hasta que atienda a la llamada y se comprometa con aquello que la hace sentirse verdaderamente viva, es decir, irradiar su auténtica luz a su manera única e irrepetible.

Muchas trabajadoras de la Luz confunden su vocación o llamada con su trabajo o profesión. En realidad es mucho más simple. Nuestra alma está siempre llamando.

Seguimos nuestra vocación cuando nos entregamos a lo que nos hace sentirnos auténticamente vivas y nos conecta con nuestra luz.

Antes de encarnarte en este planeta elegiste meticulosamente un cuerpo, una familia, una ciudad, un entorno y unas experiencias para crear el medio idóneo. Puede que estas circunstancias fueran afortunadas o no tan afortunadas, pero fueran lo que fuesen, las elegiste para que te ofrecieran la experiencia perfecta que acabaría haciéndote iluminar el mundo a tu manera sin igual.

Las trabajadoras de la Luz están repartidas por todo el planeta, en cada rincón. Todas sin excepción, una vez que han despertado, sirven al mundo siendo ellas.

La ciudad en la que vives, el sufrimiento que ha habido en tu vida, la educación que has recibido, la clase social en la que naciste, los padres que te concibieron y la gente que te ha llegado al corazón: esto, todo esto, crea las condiciones ideales para que ilumines con tu luz el mundo que te rodea como solo tú puedes hacerlo.

EL PROPÓSITO DE TU ALMA

Lo único que tienes que hacer en la vida es ser el faro.
YOGUI BHAJAN

Desde que tengo memoria, recuerdo la prisa por crecer y ponerme a trabajar en el propósito de mi alma. De pequeña, mi pregunta predilecta era: «¿A dónde vamos hoy?». Ya en aquel tiempo vivía intentando dar con eso que sabía que tenía que encontrar. Eternamente en busca de la respuesta clara e inequívoca a la pregunta: «¿Cuál es el propósito de mi vida?».

Si soy sincera, toda esta cuestión del propósito del alma me agobiaba bastante. Me parecía una decisión inapelable que tenía que tomar, esa clase de decisión que no te deja en paz hasta que la tomas. Pero me aterraba la posibilidad de perderme la vida que conocía o de equivocarme. Cuanto más me metía en mi profesión, más atrapada me sentía.

Recorrí todos los rincones del mundo en busca de la «actividad ideal» con la que contribuir a hacer de él un lugar un poco más luminoso con mi presencia. Pasé muchos años esperando a que un plan definitivo y trazado en todo detalle se me revelara milagrosamente (al completo), a que me llegara un buen día de la nada. Y cuando de hecho tuve algún vislumbre bastante claro de lo que podría ser, echaba de menos la presencia de alguien que me confirmara que estaba en lo cierto y me diera permiso para poner manos a la obra.

Estaba tan instalada en la cabeza... considerando y cuestionando todos los caminos posibles, aterrada de solo pensar que podía elegir el camino equivocado. Estaba estancada en la inacción, esperando a que el propio Dios con mayúscula me entregara el mapa, antes de emprender el camino perfecto para mí. Pensaba que la manera de encontrar lo que buscaba era esforzarme y hacer, en lugar de ser y encarnar.

Como resultado de mi desengaño, de la pérdida de tiempo y de haber trabajado con cantidad de mujeres que sienten lo mismo, he llegado a la conclusión de que el propósito de nuestra alma se reduce a dos cosas:

1. Ser la Luz

Para «ser la Luz» necesitas dedicarte a aquello que te hace sentirte verdaderamente viva y te conectan con tu luz, para que puedas presentarte en la vida rebosante y completa. No necesitas tener un trabajo en especial para «ser la Luz»; de hecho, no necesitas hacer ningún trabajo. Puedes «ser la Luz» en el supermercado, mientras haces la comida, durante la teleconferencia más aburrida del mundo, mientras actualizas tu estado en Facebook o siendo amable con un amigo o un desconocido que necesite una sonrisa.

2. Ser auténticamente tú

No existe el camino perfecto, solo una tú perfectamente auténtica, llena de contradicciones, originalidad y talentos. Es tu «tuidad» lo que de verdad te permite iluminar el mundo con tu presencia. Tu «tuidad» se ha ido forjando durante vidas. Es tus defectos, tus peculiaridades, tus rarezas, tu historia ancestral, tus dones, tu humor y tus imperfecciones. Tu luz y tu mensaje se expresarán a través de ti elijas el camino que elijas. Tu auténtico yo aflora cuando te dejas guiar por lo que te alegra el corazón y te ilumina por dentro, o en otras palabras, cuando haces lo que te apasiona. Porque eso lo haces de una manera en que solo tú lo puedes hacer.

Nuestra alma nos llama siempre a hacer lo que nos da alas y nos conecta con nuestra luz.

El ego intenta engañarnos haciéndonos creer que todo tiene que ser más complicado. No entiende que pueda ser tan sencillo como dejarnos llevar por aquello que nos hace sentirnos intensamente vivas. Pero es así, cuando nos dejamos llevar una y otra vez por lo que nos apasiona, nos topamos con nuestra vocación sin siquiera darnos cuenta. Al disolvernos en el hacer, nos echamos a un lado y la luz puede entonces fluir a través de nosotras.

Y es una sensación alucinantemente fantástica.

Me pasé años intentando averiguar cuál es mi propósito en la vida, tratando de embutirlo en una cajita perfecta junto a un plan detallado, antes de pensar siquiera en dar el paso. Revisé mis aptitudes, hice una lista de mis talentos, intenté imaginar el mensaje que mi alma quería comunicarme, pero aun así me contuve porque no conseguía ver con precisión ni siquiera el más mínimo pasito del camino. Quería saber cuál era el destino final antes de dar el primer paso. Todas las posibilidades, propósitos y vocaciones me daban vueltas en la cabeza, pero no hacía nada con ninguno de ellos. Estaba esperando junto al teléfono a que el Universo llamara diciendo: «Hooola pequeeeeña, este es tu propósito».

La cantidad de tiempo que pasé cavilando si debía ser escritora, actriz, asesora personal, sanadora, artista, directora o diseñadora de moda es demencial. No importa si escribo libros, hago pasteles, dirijo películas, diseño botas vaqueras o bailo claqué encima de un piano.

No importa si hago fotos, doy discursos, gobierno un país, doy clase a los niños, pinto cuadros, escribo comedias o presento un programa de televisión... Mientras me haga sentirme viva y me conecte con mi luz, infundiré esa luz sin igual a todo lo que haga. Lo único que importa es que te embarques una y otra vez en aquello que te apasiona y te conecta con tu luz y dejes que la luz brille auténticamente a través de ti.

Sigue el camino que va trazando hacer lo que te ilumina por dentro y disuélvete en hacerlo. Muy pronto descubrirás que estás en el centro de tu propósito y de la vida que estás llamada a vivir.

ACTIVA TU LUZ

¿Estás esperando a que te llegue la señal perfecta del Universo diciéndote cuál es el propósito de tu alma?

¿Qué te apasiona tanto que puedes disolverte por completo en ello?

LA GENTE VINO
DE LEJOS PARA
RECREARSE EN SU LUZ.

△

LLEVAS VIDAS TRABAJANDO EN TI

Eres infinitamente más que los días que han respirado a través de ti en esta vida. Eres también todas las vidas que la precedieron. Eres hombre y mujer, homosexual y heterosexual, negra y blanca, segura de ti misma y tímida, gorda y delgada, alta y baja, líder y seguidora. Y más. Todas estas experiencias han pulido tu alma hasta hacer de ella la más magnífica expresión que es tu auténtico yo.

Tú = obra maestra completa.

Tu alma tiene muchas facetas. Imagina una huella; tu alma es un millón de veces más intrincada. Ni aunque reunieras todas las huellas de todas las personas que has sido, te acercarías siquiera a comprender la obra de arte tan extraordinaria que eres. Llevas vidas enteras trabajando en ti.

Por eso los perros parece que tengan una personalidad incluso aunque solo sean cachorritos. Esa aparente personalidad es la luz que brilla a través de su pequeña alma preciosa y singular. Una parte de ellos ha experimentado mucho más que el simple número de días transcurrido desde que nacieron.

Llegaste sabiendo. Llegaste con una sabiduría que supera tus años, semanas, meses y días de edad. Esta es la parte de ti que anhela mostrarse al mundo. Esta es la parte de ti que está lista en este instante para dejar que la luz brille a través de ella y emerger.

ACTIVA TU LUZ

Sentada cómodamente, ponte la mano en el corazón, y con suavidad cierra los ojos. Respira hondo y sumérgete de verdad en el espacio de tu corazón, que es donde vive el alma. Descansa en él un rato.

Imagina un cristal de cuarzo poliédrico que gira lentamente en el centro de tu corazón. Esta es tu parte eterna, la huella de tu alma. Mientras gira lentamente, permítete absorber y encarnar de verdad toda la sabiduría y toda la magnífica belleza que eres tú.

Pregúntale a tu alma:
«¿Qué sabiduría tienes para mí que pueda ayudarme en este instante?
¿Qué parte anhela dar un paso al frente en este instante?
¿Qué parte está lista para emerger?».

EL EGO CONFÍA
EN QUE ESTEMOS
SEPARADOS Y VAYAMOS
POR LA VIDA SOLOS.
EL ALMA CONFÍA
EN QUE ESTEMOS TODOS
CONECTADOS
Y POR TANTO
EN REALIDAD NUNCA
SOLOS.
EL UNIVERSO CONFÍA
EN QUE EL EGO ACABARÁ
SINTIÉNDOSE SOLO Y
ESCUCHARÁ AL ALMA.

EL EGO, EL ALMA Y EL ESPÍRITU

Somos seres divinos viviendo una experiencia humana, estamos aquí para crecer, evolucionar y hacer un viaje de retorno a la Fuente. A veces la experiencia humana puede estar llena de gozo y alegría sublimes. Y a veces ser un ser espiritual dentro de un cuerpo humano puede resultar francamente difícil.

Saber distinguir las voces del ego, el alma y el espíritu es extremadamente útil cuando llega el momento de responder a la llamada más decisiva.

El ego (nuestro yo humano)

Nuestro ego es la parte humana que hay en nosotras y se considera separada, un «yo» enfrentado a «ellos». *Un curso de milagros* lo describe como «rayos de sol que creyeran estar separados del sol, u olas que creyeran estar separadas del océano». Los seres humanos somos todos rayos del mismo sol y gotas de agua del mismo océano.

Surgido las más de las veces de un programa de miedo, el ego es el crítico interior, el juez, la víctima y el fanfarrón que cree tener siempre la razón y respuesta para todo. Dominado por el temor a que todo el mundo quiera hacerle daño y a que no haya recursos suficientes para todos, el ego concibe el mundo como un lugar injusto e inseguro. Le cuesta confiar en los demás, vive en el pasado, le encanta hacer un drama de todo y sentir lástima de sí mismo (mucha).

Al ego suele gustarle que todo resulte costoso, convencido de que es necesario «trabajar» para descubrir nuestra vocación (y aun así tener la suerte de encontrarla).

El ego está dominado por un miedo visceral que tiñe el cristal con que mira el mundo. Cuando vivimos en la ciudad del ego, estamos a merced de nuestros miedos. Cuando vivimos en un mundo de miedo, habitamos en nuestra sombra. Es importante recordar que necesitamos del ego para sobrevivir en este planeta. Sin embargo, nuestra vida será más fluida cuando el ego sirva y apoye a las llamadas del alma.

El alma (nuestro yo ancestral)

El alma es la parte de nosotras que nos acompaña de vida en vida. Es nuestro yo ancestral. A la vez seria y entusiasta, por ser la culminación de toda la sabiduría de los tiempos que has transitado y de los talentos espirituales que has perfeccionado a lo largo de muchas vidas.

Cada vida y experiencia añade algo a tu auténtica huella, que aunque lleva en sí la sabiduría de las lecciones aprendidas, puede entrañar también traumas y patrones de comportamiento derivados del dolor y las ofensas pasados. Vida tras vida, aumentamos el desarrollo de nuestra alma, con el propósito de volver a casa, a nuestra verdadera esencia (nuestro yo divino).

Cuando un cliente acude a mí en la noche oscura del alma, no puedo sino celebrarlo.

El dolor profundo por la muerte de alguien, el desengaño demoledor o ver cómo todo se va al traste le permiten al ego aflojar las riendas y admitir que no tiene respuesta para todo, lo cual deja un espacio para que la luz de tu yo divino (el espíritu) entre a raudales.

El espíritu (nuestro yo divino)

El espíritu es nuestra conexión divina con la Fuente. Es la parte de nosotras que está conectada con todo lo que hay en el Universo. Es la chispa que nos brilla en los ojos, el impulso de cada paso, la luz dorada que nos ilumina el rostro. Es la parte de nosotras que sabe que estamos completas. Es la gracia. Es nuestro ser supremo. Es Dios. Es luz pura.

Cuando se nos rompe el corazón, se abre una grieta para que el alma salga por ella. Cuando el alma se quiebra y se abre, permite que la gracia del espíritu salga. Cuando el espíritu, el alma y el ego colaboran en armonía, la luz del espíritu (la Fuente) puede fluir a través de nuestra alma, nuestro cuerpo y nuestra mente tan singulares, y somos de verdad capaces de activar nuestra luz como solo nosotras podemos.

△

ERES DIVINA

*A pesar de tu apariencia terrenal, tu esencia
es conciencia pura.
Eres el valiente guardián de la luz divina.*

RUMI

Eres divina en todos los sentidos de la palabra: expresión de la energía de la Fuente, luz en forma humana. El ego nos hace creer que estamos separadas de la Fuente (y unas de otras) y que tenemos que esforzarnos para encontrar plenitud, amor y sentido. Y que si tenemos la suerte de encontrarlos, más vale que nos aferremos a ellos con todas nuestras fuerzas, o es posible que los perdamos.

Esta negación de la divinidad de nuestra naturaleza nos hace embarcarnos en una búsqueda interminable fuera de nosotras. Recurrimos a otras personas para sentir amor. Buscamos en el exterior algo que adorar. Esperamos a que otra gente nos dé permiso para brillar o sentirnos plenas.

Cuando la realidad es que ya somos todo lo que buscamos; basta con que volvamos la mirada hacia dentro. La plenitud, la felicidad y el amor son tu derecho de nacimiento. Cuando eras muy pequeña, no había ninguna parte de ti que dudara que estabas completa. Por eso iluminabas el mundo sin siquiera intentarlo.

El amor, la luz, la sabiduría, la felicidad, la plenitud están a tu disposición «a raudales» cada instante, porque son lo que tú eres en esencia. Y están esperando a que los dejes entrar.

MANTRA
Estoy conectada al flujo infinito de luz. Todo lo que busco
está listo para fluir a través de mí en este mismo instante.

EL UNIVERSO ESTÁ
EN CONTINUA
EXPANSIÓN.
**TÚ FORMAS PARTE
DEL UNIVERSO.**
LA EXPANSIÓN ES TU
ESTADO NATURAL.
SI TE RESISTES A
EXPANDIRTE, TE
RESISTES A SER QUIEN
ERES.
EXPÁNDETE AHORA
Y **SUMÉRGETE EN TU
GRANDEZA.**

△

¿UNIDAD O SOLEDAD?

Uno de los aspectos más duros de ser un ser espiritual que habita un cuerpo humano es el sentimiento de separación. De aislamiento.

La soledad.

Aunque tu alma esté actualmente en un cuerpo físico (que se encuentra separado de los demás), formas parte de un todo mayor. Una unidad que trasciende la identidad, el cuerpo y las palabras. Y en algún lugar muy profundo el alma lo recuerda. A las almas que han experimentado más planos que el terrestre, esta experiencia en la Tierra puede parecerles de un espantoso aislamiento, pues nuestra verdadera esencia sabe que somos seres puros de luz, amor y Unidad Primordial viviendo una experiencia humana. Eres divina.

Aunque se me ha agraciado con una familia estupenda y he estado siempre rodeada de muchos amigos, he batallado con este sentimiento de soledad toda mi vida. Era como tener el recuerdo lejano de que no era así como debían ser las cosas. No tenía ni idea de la cantidad de gente que sentía lo mismo.

Ya de niña me intrigaba el sentido profundo de las cosas y no soportaba las conversaciones insustanciales. Sabes a cuáles me refiero. Cuando las bocas se mueven pero el corazón dice: «Todo esto es una farsa y una total pérdida de tu tiempo y del mío, pero vamos a seguir hablando porque es mejor que estar sola. Me he sentido más sola que nunca en algunas relaciones».

Este persistente sentimiento de soledad me ha hecho aferrarme a relaciones, amistades y trabajos más tiempo del que habría sido aconsejable. Me ha hecho también chismorrear y quedarme en fiestas hasta más tarde de lo que quería. Y luego estaban los atracones de televisión y comida. Era como si me aferrara a todo eso solo para llenar el inmenso agujero que sentía en lo más hondo. ¡Si me hubiera dado cuenta entonces de que ese inmenso agujero era una invitación a entrar en mí!

En mis horas más oscuras, cuando estaba de verdad sola y era inaccesible para la gente que había a mi alrededor, acabé por descubrir lo que intelectualmente ya sabía. A veces lo único que necesitamos es vaciar el espacio y dejar que la soledad se apodere de nosotras para darnos cuenta de que en realidad nunca estamos solas. Los seres humanos somos todos uno. Lo que buscamos con tanto afán es en realidad lo que ya somos. Es la negación de nuestra naturaleza divina lo que nos hace sentirnos separadas. Es la creencia de que estamos separadas lo que nos hace sentirnos tan solas.

Hay una presencia, a la que llamo «Gracia» o «Fuente», que nos espera detrás de las puertas de la soledad. Una presencia tan sutil, y a la vez palpable, que si nos permitiéramos sentirla nos haría llorar. No hay palabras para hablar de ella, pero una vez que se siente ya no hacen falta. Una presencia tan acogedora, amorosa, reconfortante y familiar que es como volver a casa. Es como volver a casa porque, cuando la sentimos, estamos en realidad conectadas a la gloriosa energía de la Fuente de la que todos los seres humanos formamos parte. Y la presencia de esta «unidad» está a nuestro alcance en todo momento (y es por lo que me gusta tantísimo abastecerme de la Fuente; echa un vistazo a la página 228).

A veces es necesario que todo nos vaya mal para que abandonemos la lucha y nos entreguemos a la calidez de su abrazo. Nuestra alma conoce el camino. Escucha sus susurros y síguelos de cerca.

Las personas somos todas haces de esa energía de la Fuente, cósmica y divina, que vibra en un cuerpo humano. Tenemos la sensación de ser distintas, cuando en realidad todas vivimos lo mismo, el mismo viaje de retorno a la unidad del hogar.

Estamos aquí para recordar nuestra naturaleza divina y encarnarla en forma humana. No somos nuestro cuerpo, nuestra mente ni nuestras emociones. Somos almas viviendo la experiencia de tener cuerpo, emociones y mente. Cuanto antes nos sintamos parte de ese todo mayor y sepamos por tanto que en realidad nunca estamos solas, antes retornaremos a la preciosa y divina maravilla que somos por naturaleza (y menos solas nos sentiremos).

Hemos elegido este cuerpo como el vehículo perfecto para expresar nuestra luz divina. Por medio de este cuerpo, y la sanación de nuestras emociones, expresamos esa luz cada una a nuestra manera. En cuanto intentamos parecernos a otra persona, obstaculizamos, y de hecho impedimos, que esa corriente espontánea de luz fluya a través de nosotras.

No naciste para ser como nadie. Naciste para ser como tú, para recordar que a pesar de todas tus experiencias eres un Ser de Luz Divino y para dejar que esa luz fluya a través de tu alma, tus emociones y tu cuerpo únicos e irrepetibles.

No se trata de que seas perfecta; más bien lo contrario.

Se trata de que seas genuina, verdadera, transparente y auténticamente tú. Grietas, golpes y defectos incluidos. Cuando la luz brilla a través de nuestras imperfecciones, es cuando somos de verdad capaces de llegarles al corazón y al alma a los demás.

MANTRA
Soy expresión divina de la luz.
Abrazo mis defectos y sigo brillando.

No
hay
separa
ciónsomo
sunonohayse
paraciónsomosu
nonohayseparación
somosunonohaysepara
ciónsomosunonohaysepara
ciónsomosunonohayseparación
somosunonohaysepararaciónsomo
sunonohayseparaciónsomosunonohay
separaciónsomosunonohayseparaciónso
mosunonohayseparaciónsomosunonohayse
paraciónsomosunonohayseparaciónsomosuno
nohayseparaciónsomosunonohayseparaciónsomo
sunonohayseparaciónsomosunonohayseparaciónsomo
sunonohayseparaciónsomsunonohayseparaciónsomosuno
nohayseparaciónsomosunonohayseparaciónsomosunonohay
separaciónsomosunonohayseparaciónsomosunonohayseparación

SER HUMANO:
¿UNO Y SOLO
O TODOS UNO?

△

ELEGIMOS A NUESTROS PADRES

Antes de introducirnos en esta vida, elegimos a nuestros padres en función del desarrollo de nuestra alma y los mensajes que venimos a difundir. Yo elegí a mis padres admirablemente bien. Pero, como la mayoría de la gente..., ¡no siempre me lo pareció!

Una familia poco tradicional, en la que los papeles se habían invertido. Mi madre, diseñadora de moda, era el principal sostén económico, trabajaba horas sin fin y viajaba por todo el mundo varias veces al año. Mi padre, profesor de educación física en un instituto de la localidad, nos recogía del colegio a mi hermano y a mí y se ocupaba además de todas las labores domésticas –cocinar, planchar y asegurarse de que hacíamos los deberes–, porque tenía más tiempo.

Mis padres me enseñaron la importancia de la educación; que puedo hacer lo que quiera, si de verdad me lo propongo, y a trabajar con tesón para conseguir mis deseos.

Cuando tuve mi primer despertar, a los catorce años, quise haber nacido en una familia que hablara de temas espirituales durante la comida. Me moría de ganas de contar las experiencias que estaba teniendo, y pensé que unos padres psicólogos, filósofos, sanadores o autores que escribieran sobre la unión de cuerpo, mente y espíritu me habrían sido de mucha más ayuda.

Conocí a Sheila Dickson porque mi madre me sugirió que trabajara cuidando de sus hijos. Acababa de instalarse a dos puertas de la casa que mi familia tenía en Collaroy, en la costa norte de Sídney. Yo tenía dieciocho años. Me acerqué en un salto a la casa de Sheila y estuve charlando con ella y sus cuatro hijos simpatiquísimos, contándonos anécdotas y experiencias y parando solo para coger aire.

A pesar de la enorme diferencia de edad (ella tenía entonces treinta y nueve) fue una conexión instantánea, una sensación de estar en mi elemento. Para cuando quisimos darnos cuenta, habían pasado cuatro horas y los niños preguntaban si se podían ir a la cama. En cuanto volví a casa la llamé por teléfono y hablamos durante un par de horas más antes de quedar en vernos al día siguiente para echarnos una a otra las cartas del tarot. Hemos sido amigas íntimas desde entonces y somos como de la familia.

Cuando tenía veinticinco años, fui a visitar a Sheila y a su familia a Singapur, donde vivía por aquel entonces, y me concertó una cita para una sesión de regresión a vidas pasadas. Siempre me había fascinado el tema, tras leer libros como *Muchas vidas, muchos maestros* de Brian Weiss, y estaba emocionada de pensar que iba a experimentar aquello yo misma.

Cuando llegué, me recibió una mujer muy agradable llamada Toni. Me guio a un estado de relajación, y luego me hizo retroceder de vida en vida. Era como viajar alrededor del mundo, pero sin *jet lag*.

Después me llevó a la vida entre vidas, al momento en que me estaba preparando para venir a esta. ¡Fue alucinante!

Primero, se me mostró la experiencia de elegir mi «cuerpo» para esta vida; a continuación se me ofrecieron tres parejas de padres potenciales, todo ello basado en lo que quisiera traer al mundo y en la evolución de mi alma.

La primera era una pareja encantadora, Trevor y Julie, del soleado Sídney (mi padre y mi madre). Ella era fuerte, generosa, ambiciosa y muy creativa. Él era sensible, comprensivo, de gran corazón, un hombre tranquilo y adelantado para su tiempo, ya que era capaz de ofrecerle a su esposa un sólido apoyo en una época en que no era lo que se estilaba. Yo sería la mayor de dos hermanos.

La segunda era una mujer rusa, Olesya, que había emigrado a Estados Unidos y allí se había enamorado de un empresario americano.

Venía de una familia que durante generaciones había superado toda clase de adversidades, así que, cuando yo naciera, se aseguraría de sacar el máximo partido de las oportunidades que me diera la vida. Nacería varón, hijo único, y llegaría a ser nadador olímpico.

La tercera opción era una familia escocesa: Andy y Sheila Dickson (¡mi amiga!). Eran muy jóvenes, y yo sería un embarazo sorpresa. Los primeros años serían muy difíciles, ya que tendrían que acostumbrarse a ser padres. Como hija de una familia expatriada, viviría en distintos países por todo el mundo. La madre emprendería un profundo viaje espiritual que me abriría camino y me alentaría a evolucionar espiritualmente. Yo sería la mayor de cinco hermanos.

La idea de que «elegimos a nuestros padres» siempre me había sonado de lo más natural, pero esta experiencia que tuve le dio una nueva dimensión. Me ayudó a entender de verdad que había hecho una buena elección y a agradecer todo lo que mis padres me habían dado.

Cuando se lo conté a Sheila, me dijo que siempre que hablaban de mí su marido me llamaba «la quinta Dickson». Y un día, estando toda la familia junta, jugaron a un juego en el que cada uno tenía que escribir el nombre de la persona que más les pareciera que era como un miembro más… Y todos coincidieron en que era yo.

Suceden cosas en un nivel de existencia distinto que son imposibles de ver, pero que se sienten. A mí, para descubrir mi vocación y responderme hicieron falta mucho valor, conocimiento interior y determinación. Aunque, teniendo en cuenta que esa vocación es despertar a trabajadoras y trabajadores de la Luz a la auténtica luz que brilla en su interior y a la vocación de su alma, es un camino bastante grato de andar.

Ya tuvieras una infancia de ensueño o una infancia horrible, fue el patio de juegos perfecto para que creciera tu alma.

ACTIVA TU LUZ

¿Qué cosas (buenas y malas) te enseñaron tus padres?

¿Por qué crees que los elegiste como padres?

¿En qué ha contribuido esto al desarrollo y al viaje de tu alma?

△

LE HABLO A ESA PARTE DE TI

Hoy, le hablo a esa parte de ti que anhela más.

La parte de ti que sabe exactamente lo que quieres
por encima de todo.

A esa parte de ti que espontáneamente cree que cualquier cosa es
posible, y que es posible al instante.

Le hablo a esa parte de ti que anhela atravesar de una vez por todas el
techo ficticio que la mente ha creado y que te ha impuesto por
miedo, carencia, por cómo deben y pueden ser las cosas.

Destrozarlo, romperlo en mil millones de añicos.

Le hablo a esa parte de ti que anhela, que
sueña, que danza, que desea.

A esa parte de ti que se alegra, que ríe, que salta, que brinca.

A esa parte de ti que de verdad quiere lo mejor
para los demás porque
en el fondo sabe que hay de sobra para todos.

Le hablo a esa parte de ti que sabe lo que quieres
y el paso exacto que has de dar para conseguirlo.

A esa parte de ti que sabe que no estás rota y que no tiene
el menor interés en perpetuar el relato que dice que lo estás.

A esa parte de ti que conoce el camino y que anhela
conducir al resto de ti de vuelta a casa.

Hoy, esa es la parte de ti a la que le hablo.

Y le pido que dé un paso al frente y abra camino.

TU GURÚ INTERIOR SABE DE VERDAD LO QUE TE CONVIENE

*Salte de la masa. Quédate solo como un león
y vive tu vida de acuerdo con tu propia luz.*

OSHO

Tu gurú interior sabe lo que te conviene. Lo sabe mejor que hasta el más preclaro de entre los sabios, los maestros y los místicos.

Lo que ocurre es que a veces es difícil oír lo que nos dice antes de que la mente entre y dude de todo. Diferenciar esa voz enloquecida de la voz franca, luminosa y centrada del alma. Y luego hay ocasiones en que nos gustaría que el alma no supiera lo que de verdad nos conviene y aferrarnos una vez más a cualquier opinión exterior que contradiga sus indicaciones y nos aplaque los miedos, deseando secretamente que estuviera equivocada. Y volver así a la relación con nuestra expareja, quedarnos en el trabajo que detestamos o confiar en alguien en quien sabemos que no deberíamos confiar.

Con el tiempo nos damos cuenta de que nuestro gurú interior sí sabía lo que nos convenía. Y si de entrada hubiéramos escuchado esa voz persistente, probablemente nos habríamos ahorrado cantidad de tiempo, dolor, dinero, soberbia.

Te resultará reconfortante darte cuenta de que tienes dentro de ti todo cuanto pudieras necesitar para superar cualquier obstáculo. Esto no significa que vaya a ser fácil, pero cuanto más tiempo dediques y más escuches a tu gurú interior, más claros y sonoros serán sus susurros.

Saca un poco de tiempo cada día, sin excusas, y escucha esa vocecita que suena en tu interior. La tercera parte, «Usa tu luz», está llena de ideas que te ayudarán a conectar con ella.

Tienes todo lo que necesitas dentro de ti en este mismo instante porque tu gurú interior sabe qué es lo mejor para ti.

ACTIVA TU LUZ

Ponte la mano en el corazón, respira hondo un par de veces y pídele a tu gurú interior que aporte un poco de claridad sobre tu situación actual.

△

LA INAUTENTICIDAD
YA NO TIENE CABIDA

Estamos entrando en un momento de la historia que es una transición del patriarcado al matriarcado: de la fuerza a la fluidez, de lo masculino a lo masculino y femenino en equilibrio. Un tiempo en que la inautenticidad ya no tiene cabida. Lejos quedan los días en que se nos premiaba por ser buenos niños, simplemente porque no destacábamos, vivíamos como ratoncillos grises y hacíamos lo que debíamos. Tal vez lo hayas notado en tu vida. Amistades que parecía que durarían para siempre empiezan a zozobrar, relaciones a las que te has aferrado durante tiempo penden de un hilo, cada día te cuesta más ir a ese trabajo que no te dice nada y quizá es ya casi imposible poner cara alegre y pasarte el día fingiendo o hacer ver que te importa lo que no te importa.

Para fingir hay que hacer un esfuerzo. Y el esfuerzo es agotador.

La vida nos lanza piedras para obligarnos a volver a la versión más auténtica y fluida de nosotras mismas. Sentimos que los cimientos se tambalean, y solo aquellas partes de quienes somos que están enraizadas en la autenticidad consiguen sobrevivir. Relaciones, trabajos, amistades, posesiones y situaciones que un día tuvimos la seguridad de que eran inamovibles se desmoronan.

Puede ser doloroso —el cambio casi siempre lo es—, sobre todo cuando afecta a los cimientos mismos que nos sostienen. Sentimos la tierra temblar bajo los pies y muchas no tenemos otra alternativa que encontrar un sitio nuevo donde echar raíces, un sitio donde la tierra sea fértil y haya buenas vistas.

Cuanto más nos resistimos al flujo y reflujo del cambio, más difícil es todo. Es como si las placas tectónicas de nuestra vida estuvieran decididas a seguir agitándose hasta que nos relajemos, dejemos caer las riendas y levantemos los brazos gritando: «Me rindo».

Hasta ese momento no puedes pedirle a tu alma que guíe tus pasos. Amén.

ACTIVA TU LUZ

¿A qué te cuesta aferrarte cada día más?

¿Qué intenta decirte el Universo?

TU **ALMA**
CONOCE
EL CAMINO MÁS CORTO
PARA VOLVER A **CASA**.

△

ABRE LA MANO

Solo puedes perder aquello a lo que te aferras.

EL BUDA

O estás en sintonía con el Universo o no lo estás. Si te estás aferrando a algo, te estás resistiendo al fluir natural de quien eres.

Aquello a lo que nos aferramos es aquello de lo que más necesitamos desprendernos: el novio, el café, el puesto de trabajo, la amistad, el vino, el trabajo excesivo, agradar a la gente..., cualquier cosa a la que te agarres en un esfuerzo por sentirte entera, o plena.

Todo eso a lo que nos aferramos encubre nuestro espacio más vulnerable, aquel que más nos aterra dejar vacío. Pero al encubrir ese espacio con algo que no nos sirve, impedimos que nos llegue aquello que nos llenaría. Y proyectamos una sombra sobre nuestra luz.

Nos aferramos con fuerza porque en el fondo sabemos que, a menos que ejerzamos algún control, que nos apeguemos, es muy posible que esa relación, trabajo o [inserta aquí lo que corresponda en tu caso] desaparezca de nuestra vida.

Sin embargo, en cuanto dejamos de apretar y abrimos la mano, hacemos sitio para que entre la luz y nos sane esa parte que no se siente entera. Como nos dice *Un curso de milagros*:

Aquello que dejemos vacío, la gracia lo llenará.

Si tenemos el valor para rendirnos, aquello a lo que en un tiempo nos aferrábamos o bien se quedará por voluntad propia o bien será reemplazado por algo que ni en sueños nos habríamos atrevido a imaginar.

Afloja la presión y abre la mano. La Gracia se acerca. Puede que al principio te resulte incómodo, pero te aseguro que al final habrá valido la pena.

ACTIVA TU LUZ

¿A qué me estoy aferrando por miedo a que no llegue nada a ocupar su lugar?

EL MUNDO TE NECESITA ROTA Y ABIERTA

Hay una grieta en todo; así es como entra la luz.

LEONARD COHEN

Estate abierta a romperte y abrirte. Abrirte de par en par. Son los momentos difíciles los que nos hacen crecer a pasos agigantados, y de formas que solo en sueños nos habrían parecido posibles.

Pero antes, tienen que quebrarnos, que abrirnos. Y a veces duele un horror. Así trabaja la naturaleza. Y tanto si dejas que ocurra como si no, va a ocurrir. De modo que entrégate al proceso y deja que la vida haga lo suyo. Valdrá la pena. Es así como entra la luz.

REZO POR QUE TOQUES FONDO

Rezo por que toques fondo.

El momento más doloroso de tu vida.

Rezo por que te sientas sola. Aislada. Abandonada.

Y descubras que lo que creías que era el fondo es
en realidad una cornisa, y sigas precipitándote
hacia el fondo del abismo.

Y al aterrizar, estés rota en un millón —no, en un billón—
de pedazos, y no tengas ni idea de cómo volver a ensamblarlos.

Rezo por que mientras estés allí abajo en las profundidades, la
única persona que haya para hacerte compañía seas tú.

Rezo por que decidas recoger los pedazos.

Y sin la menor idea de cómo ni en qué orden, empieces luego
a juntarlos otra vez, de uno en uno.

Con buen tino.

Rezo por unos cimientos más sólidos que los de la acrópolis.

Y una luz interior que brille con tanta intensidad que deslumbre las retinas de cualquiera que no pueda tolerar tu resplandor.

Rezo por una piel igual de cómoda que un chándal viejo y desgastado el sábado por la noche.

Y una luz interior tan brillante que siempre te sea fácil encontrar el camino a casa.

Rezo por el triunfo de tu alma.

Y por tu retorno.

△

EL SUFRIMIENTO NO TE HA SUCEDIDO A TI, HA SUCEDIDO PARA TI

Por difícil de asimilar que sea, aquello que casi nos destroza es a la vez lo que tiene el potencial de hacernos seres completos. De reajustar los pedazos lo suficiente como para devolvernos la sintonía. De desarticular las piezas, que estaban pegadas entre sí. De hacer que se tambaleen los cimientos, para que construyas cimientos nuevos que nada ni nadie puedan socavar jamás.

Así que abraza con amor el sufrimiento y no luches contra él. Su función es llevarte de vuelta a tu yo más auténtico, expansivo y resplandeciente.

Hazte a un lado y deja que el Universo ponga manos a la obra.

ACTIVA TU LUZ
¿Qué te han enseñado de ti tus mayores sufrimientos?

△

LLEVAS VIDAS ADIESTRÁNDOTE PARA ESTO

Si crees que no estás lista, si sientes que no estás preparada,
quiero que sepas esto:

Para este preciso momento, has estado
adiestrándote durante vidas.

Si tienes que hacer frente a lo insoportable y parece que el corazón
se te vaya a partir en dos, quiero que sepas esto:

Para este preciso momento, has estado
adiestrándote durante vidas.

Cuando sientas la cabeza a punto de explotar con preguntas como
«¿quién soy yo para hacer esto?», «¿y si no sale bien?» o «ella está
mucho más preparada que yo», quiero que sepas esto:

Para este preciso momento, has estado
adiestrándote durante vidas.

Estás más preparada de lo que crees, y cuanto antes actúes antes
echarás la vista atrás y te darás cuenta de que:

Para este preciso momento, has estado
adiestrándote durante vidas.

DEJÓ A SU ESPALDA
EL VIEJO RELATO
E INICIÓ
UN NUEVO ÉRASE
UNA VEZ.

△
NO DEJES QUE TE DEFINAN

No dejes que los actos inconscientes de otra persona te definan. Lo más probable es que el viaje de sanación que sus acciones han impulsado acabe haciéndote una persona aún más completa de lo que eras antes de que nada ocurriera. Si el dolor es atroz, encuentra consuelo en la certeza de que cualquier cosa que te haga quebrarte y abrirte es al final una bendición (a veces tiene que transcurrir un poco de tiempo; ¡si pudieras verlo todo desde donde lo vemos las demás!).

Las personas somos todas espejos unas de otras, y reflejamos las partes de las demás que no están enteras. Y, aunque no te guste oír esto, la gente que más te saca de quicio es en realidad la que más te ayuda a madurar. Son un regalo. No una maldición. Pueden ser lo que te haga expandirte o contraerte. Tú decides.

Las almas gemelas son personas que favorecen tu evolución como ninguna otra. Almas que acordaron antes de esta vida desempeñar un papel decisivo en tu expansión. Al encontrarte con un alma gemela, es posible que experimentes una sensación como de recordar o de familiaridad. Las relaciones entre almas gemelas no son necesariamente de color de rosa; de hecho, las más de las veces pueden ser extremadamente difíciles, ya que en ocasiones, para evolucionar, necesitamos vivir experiencias dolorosas.

Algunas duran un instante, otras un capítulo y otras para siempre. Quédate con la lección y olvida lo demás.

ACTIVA TU LUZ

¿Qué relaciones actuales te resultan más difíciles?

¿Te llama la voz interior a abandonar esa relación o a resistir en ella?

¿Qué te han enseñado o tratan de enseñarte?

SU LUZ INTERIOR SIEMPRE LA LLAMABA A VOLVER A **CASA**.

VUELVE A CASA, A TI

La nostalgia del hogar vive en todos nosotros, de ese sitio seguro
adonde podemos ir tal como somos sin ser cuestionados.

Maya Angelou

Nos pasamos la vida buscando, para al final descubrir que lo que buscábamos había estado siempre en nuestro interior. Soy una eterna viajera. Una buscadora. Siempre en busca de maneras de madurar, aprender, reflexionar y comprender. La constante de todos los días que he pasado en este planeta ha sido una búsqueda de ese sentimiento de estar de verdad en casa, sin siquiera saber realmente lo que buscaba. Cambiaba de continente, de país, de ciudad, de vivienda. ¡He vivido en más de treinta casas distintas!

He viajado a seis de los siete continentes (Antártida, tú eres el próximo) y tuve dos trabajos en los que mi única responsabilidad era viajar por el mundo.

Me han llegado al corazón almas exquisitas de muchas culturas distintas y me han llenado los pulmones los paisajes más impresionantes.

He sentido el espíritu fluir con la aventura y me he quedado boquiabierta de admiración.

Sin embargo, a pesar de todas estas experiencias extraordinarias, siempre sentí que me faltaba algo, que era incapaz de encontrar el lugar o la persona que me diera ese sentimiento de estar en casa.

Hasta que me di cuenta de que ese lugar no era físico y, aunque el contacto con la gente lo había enriquecido y dulcificado, en realidad no tenía que ver con nadie ni lo más mínimo. No estaba relacionado con ladrillos y cemento, playas, montañas, selvas ni rascacielos. Como todo lo que de verdad importa, lo que buscaba lo tenía dentro. Casa es allí donde esté conmigo.

Si te has pasado la vida buscando tu verdadero hogar, es hora de que sepas que siempre ha estado dentro de ti.

AFIRMACIÓN

Estoy en casa.

△

¿CUÁNDO DEJASTE DE SER TÚ?

Los bebés no tienen miedo de irradiar su luz y por eso no podemos quitarles los ojos de encima. Sin embargo, transcurre la vida y vamos teniendo experiencias que al final nos hacen retraernos o alterar la forma en que nos mostramos al mundo —generalmente convencidas de que somos bichos raros y nuestra forma espontánea de ser es inaceptable—. Perdemos así el contacto con el auténtico espíritu que hay en nosotras, esculpido meticulosamente durante vidas, y escondemos nuestra auténtica luz bajo una banasta.

ACTIVA TU LUZ
Vuelve la vista a la infancia... ¿Qué experiencias recuerdas
que te hicieran creer que no eras normal o que
no bastaba con que fueras como auténticamente
eras? ¿Cuántos años tenías? ¿Qué ocurrió?
¿Cómo te sentiste?
Pregúntale a esa versión anterior de ti qué necesita
oír para sentirse querida y apoyada.

△

¿YA LO ESTÁS HACIENDO?

La persona de la que intentas desprenderte.
Ese desengaño, tan grande que temes no poderlo soportar.
Ya lo estás haciendo.
Y estás más cerca de lo que crees.

La tristeza que cargas sobre los hombros.
El peso que como un elefante te aplasta el pecho.
Respiración a respiración te estás librando de ellos.
Y estás más cerca de lo que crees.

Esa persona a la que tanto te gustaría poder perdonar.
Ese dolor del que necesitas desesperadamente librarte.
Ya lo estás haciendo.
Y estás más cerca de lo que crees.

La persona a la que admiras.
La mujer que anhelas ser.
Eres ella y ella es tú.
Y estás más cerca de lo que crees.

La visión que te esfuerzas por hacer realidad.
Ese sueño que parece inalcanzable.

Ya lo estás haciendo.
Y estás más cerca de lo que crees.

La meta será irreconocible si buscas
la imagen que tienes en la cabeza,
pero sabrás que has llegado
porque lo sentirás en la piel.

△
LLÉNATE HASTA REBOSAR

A nadie le sirves de nada si no tienes ni una gota de energía.

Yo solía sentirme culpable y egoísta por atender primero mis necesidades y hacer aquello que me alimentaba el espíritu. Recuerdo un día que había estado trabajando en casa y mi compañera de piso me encontró viendo la serie *Sin cita previa* mientras comía. (Addison Montgomery, te quiero).

Aunque llevaba días trabajando hasta las tantas para hacer que el negocio despegara, me sentí culpable de todas formas porque me hubieran «pillado» haciendo algo que me llenaba en lugar de estar dejándome la piel en el trabajo.

He tardado en darme cuenta de cuánto más puedo dar a los demás llenándome yo primero. Ese pequeño detalle lo cambió todo.

Siempre he sabido que las flores me alegran el corazón más que la mayoría de las cosas del planeta. Pero pasé muchos años esperando a que alguien me las regalara (qué idiota). Compraba un ramo muy de tarde en tarde, pero en general por una u otra razón no entraban flores en casa.

Un día tomé la decisión de asignarme una cantidad semanal para comprar las flores más maravillosas que encontrara. Así que cada sábado iba a la floristería y elegía un ramo. Era una sensación fabulosamente extravagante.

Al principio solo me permitía elegir las que estaban a buen precio. Pero luego empecé a comprar las que más me alegraban el corazón y me iluminaban por dentro. Muy pronto, me había embarcado en una apasionada aventura amorosa con las peonías. Aquellas flores me curaban el corazón como ninguna otra cosa. Su valerosa manera de abrirse es fascinante. Y cuando crees que ya no pueden abrirse más, van y se siguen abriendo.

Desde que tomé aquella decisión tan sencilla de darle a mi corazón lo que necesita –belleza–, mi casa siempre ha estado llena de las flores más hermosas. Es un ritual semanal y un dinero inmejorablemente empleado porque, cuando las miro, se me abre el corazón, se me dulcifica el rostro y la luz me entra a raudales.

¡Y lo más fabuloso es que en cuanto empecé a regalarme flores comencé a recibirlas también! El otro día mi novio, Craig, me sorprendió incluso con una suscripción a Petalon, ¡que significa que me traerán personalmente a casa un ramo de flores, elegidas expresamente para mí, todos los miércoles!

Ahora mismo, mientras escribo esto, tengo una sonrisa de oreja a oreja, porque estoy aquí en Londres sentada en la rosaleda del Queen Mary's Garden en Regent's Park, rodeada de un caleidoscopio de miles de rosas bellísimas que me inspiran mientras pulso las teclas. Me siento llena y por tanto mi luz se extiende espontáneamente a las páginas.

En el momento que dejamos de alimentar nuestro espíritu y de llenarnos, las cosas sencillamente no fluyen de la misma manera.

Lo que a ti te llene será diferente de lo que le llene a otra persona. En el caso de mi amiga Amy Firth, es hacer punto, hablar por Skype con su familia y escuchar música. En el de mi madre, es pasear por la playa, embellecer las cosas y la jardinería. En el de mi amiga Jaqui Kolek, es leer revistas del corazón, ir a hacerse la manicura y la pedicura y comerse una tostada untada con crema Vegemite. Cuanto más te llenas, más tienes para compartir con los demás.

AFIRMACIÓN
Escribe una lista de todo lo que te llena.
Elige una cosa de la lista que te puedas comprometer
a regalarte hoy.

△

QUEREMOS SIMPLEMENTE QUE NOS VEAN, QUE NOS VEAN DE VERDAD

Queremos simplemente que nos vean, que nos vean de verdad. No que adviertan nuestra presencia y nos echen un vistazo, sino que alguien se detenga un momento y sea testigo de la auténtica luz que centellea bajo la superficie. Pero vamos cada cual a lo nuestro, nos encontramos por casualidad y no nos tomamos la molestia de detenernos y mirar.

La experiencia más íntima de mi vida fue con una mujer croata de cincuenta años a la que conocía desde hacía cinco minutos. Ni siquiera sabía cómo se llamaba. Coincidimos en un seminario que impartía Claude Stein, *coach* de voz de la escuela Juilliard de música. Estábamos en una sala llena de gente que no se conocía, y nos dio instrucciones de que nos volviéramos hacia la persona que teníamos al lado y la miráramos fijamente a los ojos. Que la miráramos a los ojos DE VERDAD. Que fuéramos testigos de la deslumbrante alma que teníamos justo delante, y a la vez dejáramos que esa persona nos viera de verdad. A nuestro verdadero yo. Nuestro yo más profundo. El yo que nunca antes le habíamos mostrado a nadie.

En unos instantes, y sin cruzar una palabra, mi deslumbrante compañera y yo empezamos a sollozar. Desde lo más hondo. Fue incomparable a ninguna otra experiencia de mi vida. Inefable. Sagrada. Un regalo. Fue como si alguien me viera realmente por primera vez en mi vida. Me conmovió y deslumbró la belleza de la persona que había ante mí, a la que hasta ese momento ni siquiera me había parado a advertir. Continuamos así durante diez minutos. Fueron unos de los mejores diez minutos de mi vida.

Al terminar el ejercicio nos abrazamos y miramos a nuestro alrededor, y no había ni un solo ojo que estuviera seco en toda la sala. Supe que se llamaba Sanja, y ahora es una amiga de verdad y miembro de mi grupo de *mastermind*.*

La experiencia se me quedó grabada en el corazón y me hizo comprender que todo ser humano del planeta —dócil o inflexible, abierto o cerrado— solo quiere que lo vean. Que lo vean de verdad.

El mayor regalo que podemos hacerle a una persona es ser verdaderos testigos de su presencia.

> Ver en su interior y percibir el alma sagrada
> que habita en ella y que anhela aflorar.

Después de esto, acabé dándome cuenta de que prácticamente todas las relaciones problemáticas que había tenido eran consecuencia o de que la otra persona no me hubiera visto de verdad, o de no haber visto de verdad a la otra persona.

Se me reveló que me había pasado buena parte de mi vida reprimiendo mi yo más expansivo, más verdadero, más auténtico, al tiempo que esperaba secretamente que alguien lo viera, lo detectara, se dirigiera a él y lo llamara a salir. ¡Me había pasado tanto tiempo con la luz atenuada!, mientras en lo más hondo esperaba que alguien percibiera la inmensa belleza que borboteaba justo debajo de la superficie. Fui consciente de que me había pasado demasiados años esperando ese reconocimiento, y me di permiso para que mi yo más radiante y exuberante emergiera.

---

* N. de la T.: según lo define su creador, Napoleon Hill: comunidad privada formada por un grupo de personas que se reúnen a dialogar y colaborar en armonía para conseguir propósitos definidos tanto en el ámbito personal como profesional.

Ese día marcó el comienzo de un viaje consciente dirigido a ver la auténtica luz en los demás y a hacer que la mía brillara con un poco más de intensidad.

Tienes una auténtica luz interior, que siempre ha estado
en ti y que nunca te abandonará. Un fuego interior que
por mucha oscuridad que haya seguirá centelleando.

La gente la percibe con solo mirarte. Es ese «algo especial» que ven en ti, esa «chispa», ese «destello» en tu mirada.

Tu luz es tu auténtico yo y naciste para irradiarla. No se puede esconder una luz.

ACTIVA TU LUZ
Tu presencia es un regalo. En lugar de actuar maquinalmente,
estate de verdad presente y deja que hoy alguien te vea tal y como eres.

NO SE PUEDE
ESCONDER **UNA LUZ**.

VE LA LUZ EN LOS DEMÁS

Ve la luz en los demás, y trátalos como si fuera lo único que ves.

WAYNE DYER

Lo más valioso que podemos ofrecerle a alguien es ser verdaderos testigos de sus dones. Cuando somos testigos de los dones de otra persona, estamos siendo en realidad testigos del alma y la luz que hay en ella.

Un acto tan simple y que cuesta tan poco puede tener un impacto transformador. Cuando reconocemos los dones de otra persona, la elevamos y la animamos a brillar un poco más. Y este acto no solo nos hace sentirnos de maravilla, sino que es imposible hacerlo y no resplandecer también.

ACTIVA TU LUZ
Hoy, ilumínale el día a alguien siendo de verdad testigo de su presencia y percatándote de uno de sus talentos.

△

EL MIEDO A DEJARNOS VER

Tuvimos experiencias, a menudo en la niñez, a raíz de las cuales decidimos que nuestro auténtico ser no era lo que se esperaba de nosotras. Hubo un momento trascendental en que decidimos que era más seguro, más fácil o no tan doloroso brillar un poco menos. Decidimos atenuarnos para encajar.

No hace falta que tengamos un recuerdo consciente de estas experiencias para que hoy sigan afectándonos. Nuestra alma lleva huellas impresas de vida en vida, que contienen la sabiduría adquirida de las lecciones aprendidas, así como los traumas pasados que esperan sanación.

Estamos aquí para sanar esos traumas que nos cierran el paso y nos impiden adentrarnos en nuestro yo más auténtico. Cuando establecemos contacto con nuestro auténtico poder, desaparece el miedo a dejar salir nuestro yo más deslumbrante y auténtico, independientemente de quién esté delante.

ACTIVA TU LUZ

Piensa en qué momento de tu vida llegaste conscientemente a la conclusión de que no bastaba con ser quien eras. ¿Qué sucedió? Esa versión más joven de ti, ¿qué necesita oír ahora?

△

NO ATENÚES TU LUZ PARA ENCAJAR

No atenúes tu luz para acomodarte a la pequeñez de alguien. Nacemos para brillar a lo grande, intensamente. El Universo se está expandiendo y tú formas parte del Universo, luego expandirte forma parte de tu naturaleza.

Si alguien te hace querer retraerte, date cuenta y lentamente aléjate; esa persona no es adecuada para ti y tú no eres adecuada para ella. O mejor aún, quédate y encuentra en ti la manera de expandirte e irradiar tu luz de todos modos.

Las flores no se abren y se cierran dependiendo de quién pase a su lado. Se abren y muestran su belleza indistintamente.

Irradia tu luz estés con quien estés. Cuando lo haces, facilitas que tu gente te encuentre. Y si hay quienes no quieren relacionarse contigo, o se sienten incómodos en tu compañía, es porque la luz que irradias les hace ver que están atenuando la suya para encajar en sí mismos. Al tomar la decisión de brillar intensamente es posible que les inspires a encender su luz ellos también. O no. Ten la luz encendida en cualquier caso, y estate atenta a cómo la vida te brilla en respuesta.

△

LA GENTE QUE NO SOPORTA QUE BRILLES

Si has vivido restringiendo tu grandeza y atenuando tu luz, es probable que la gente con la que te relacionas se haya acostumbrado a eso.

Todas las relaciones son en esencia un acuerdo energético. Algunas se establecen para que una persona brille; otras, para que dos personas brillen con igual intensidad, y otras para que dos personas se alegren de que la otra brille libremente con intensidad (son las mejores).

El instante en que alguien decide levantarse y dejar brillar su luz cambia el acuerdo energético y puede crear un poco de marejada. Es totalmente normal.

Decide brillar de todos modos.

Las relaciones destinadas a durar se adaptarán al cambio de energía. Otras no lo harán. Pero eso es porque posiblemente nacieron bajo la condición «te quiero mientras no brilles con más intensidad que yo». No pasa nada, no todo el mundo tiene que quedarse necesariamente en tu vida para siempre. Pero las lecciones que esas personas nos enseñan siguen vivas después de que ellas se vayan.

ACTIVA TU LUZ

¿Qué persona de tu vida te eleva el ánimo, quiere que las cosas te vayan bien y se alegra de verdad cuando brillas?

¿Qué persona de tu vida no aguanta que brilles más que ella?

△

ESPEJOS

Para que otra gente nos vea como somos de verdad, primero tenemos que vernos nosotras. Quienes nos rodean son meros espejos que nos devuelven el reflejo de lo que creemos sobre el Universo y sobre nosotras mismas, espejos que nos devuelven el reflejo de nuestra sombra o de nuestra luz.

Si tienes la sensación de que nadie te apoya, quizá es que no te estás apoyando a ti misma. Si la gente no ve la belleza que hay en ti, puede que sea porque tú no ves que existe en ti esa belleza. Si la gente no reconoce el talento que tienes para la música, tal vez se deba a que tú no lo reconoces. Si la gente no te hace ni caso, es porque no te haces ni caso a ti misma.

ACTIVA TU LUZ
Mírate al espejo y ve el ser que eres como si te vieras
por primera vez. Mírate fijamente a los ojos y pregúntate:
«¿Qué no estoy viendo en mí que anhela que lo vean?».

△

ERES LA HEROÍNA DE TU VIDA

Eres la heroína de tu vida. ¿Quién, si no? Cada una escribimos nuestro relato y somos la protagonista.

El momento en que nos damos cuenta de que nosotras escribimos nuestro relato es el momento en que nos damos cuenta de que está en nuestra mano reescribirlo. Y a diferencia de lo que ocurre con la mayoría de las películas, en tu caso probablemente la secuela sea todavía mejor que la primera.

Justo antes de marcharme definitivamente del piso en el que había convivido con mi pareja, en plena mudanza veía películas en el portátil una detrás de otra sin interrupción, mientras lo embalaba todo. Sentía mucha lástima de mí misma, y cuando mi amiga Sheila llamó, rompí a llorar. Me preguntó por qué lloraba. Me paré a pensar un momento y dije: «No sé, he estado viendo cantidad de películas de Meryl Streep y Susan Sarandon, que me encantan, pero son siempre muy emotivas».

Entonces fuimos ahondando y ahondando, y nos dimos cuenta de que todas mis películas favoritas tienen una protagonista fuerte e independiente que da y da pero que al final acaba sola: *Quédate a mi lado*, *Thelma y Louise*, *La decisión de Sophie*, *No es tan fácil...* ¡Eso era! Estaba viviendo mi vida igual que la protagonista de mis películas favoritas. Me costó, pero me prohibí ver dramas con una protagonista femenina fuerte y decidí escribirme un nuevo guion.

ACTIVA TU LUZ

Toma nota de qué películas eliges ver y de qué arquetipo
encarna el héroe o la heroína, y luego pregúntate:

«¿Qué tipo de película protagonizo en este momento? Es un
drama o una película de aventuras? ¿Un musical o una comedia?
¿Una saga o un film inspirador y con mensaje positivo?

¿Qué tipo de película quiero protagonizar?

¿Qué cualidades ha de tener el personaje principal
de esa película?».

¿QUIÉN SOY YO?

La belleza comienza en el momento en que decides ser tú misma.
Coco Chanel

Soy una tremenda entusiasta de Oprah Winfrey. Al principio de vivir en Londres compartía piso con mi amiga Jaqui, de la universidad. Nos pasábamos las resacas (de las que hubo muchas) viendo, repetidamente, los programas de la caja recopilatoria de Oprah que se publicó en el vigésimo quinto aniversario. Nos preguntábamos riendo: «¿Tú crees que Oprah y Gayle estarán de resaca, y por eso se lo cuestionan todo, como nosotras?».

Jaqui rodaba escaleras abajo vestida con su camiseta de resacas favorita, que llevaba un «¿Quién soy yo?» estampado en la parte frontal, frase que resumía muy bien cómo me sentía yo durante aquellos años.

Volviendo a la caja recopilatoria... El momento más conmovedor para mí fue cuando Oprah contó que una mujer le había dicho: «Verte ser tú me hace querer ser más yo».

Esas palabras se me quedaron en el corazón. Como mucha gente a los veinte años, asociaba quién era a lo que hacía, a los roles que representaba y a aquello a lo que había aprendido que se me diera bien —en lugar de hacer lo que me alegraba el corazón y me iluminaba por dentro—: a ser la trabajadora incansable, la chica creativa y ambiciosa, la amiga, la hija, la novia comprensiva. Pero en realidad yo no era eso... Sentía que había en mi interior muchísimo más que se moría de ganas por salir.

Al mirar atrás puedo atar cabos y ver las señales que ha habido siempre en mi vida. Pero en aquellos tiempos (sobre todo los días de resaca) me sentía sola y perdida. Me importaba tanto lo que pensaran los demás que no dejaba que aflorara el ser que realmente era.

Lo único que en realidad me faltaba era yo.

ORACIÓN

Madre Divina, gracias por ayudarme a recordar
la verdad de quien soy, sobre todo cuando es diferente
de la verdad de quien pensaba que era.

△
¿QUIÉN ERES?

La respuesta inmediata a esta pregunta suele ser una lista de nombre, apellido, edad, sexo, ocupación, lugar de nacimiento, domicilio, estado civil, etcétera, etcétera, etcétera.

Pero eso no es quienes somos. Realmente no. Así que ahondamos un poco más y hacemos una descripción de quienes somos basada en nuestra personalidad y en todo lo que el mundo ha dicho de nosotras: soy una trabajadora incansable, soy una buena amiga, soy ambiciosa, soy sociable, creativa, buena cocinera...

Pero eso no es quienes somos, ni quienes realmente hemos venido a ser. Hay en nosotras infinitamente más que eso. Partes secretas que necesitan expresarse, más allá de la caja en la que se nos ha metido o en la que nos hemos acostumbrado a vivir.

Cuando vamos quitando las capas que nos cubren una después de otra, encontramos al fin la sabiduría y la verdad de nuestro ser, la esencia que hemos venido a compartir. Esta es tu magia, tu regalo al mundo. La parte de ti que es atemporal y sabe exactamente qué la hace brillar. La parte de ti que es expansiva y vive a la espera de que recuerdes, descubras, le abras la puerta y la dejes libre.

ACTIVA TU LUZ
De pie ante el espejo, mírate fijamente a los ojos
y pregunta a la parte de ti que sabe: «¿Quién soy yo?».

Deja que responda. La respuesta que recibas no tiene por qué
tener sentido ya que el propósito es ir quitando las
capas y dejar que tu yo más profundo aflore.
Repite la pregunta y oye la respuesta una y otra vez.

Quizá empieces diciendo: «Soy madre», «Soy hija», «Soy una trabajadora
incansable», «Soy afectuosa», «Soy alguien
que sabe escuchar», «Soy perspicaz», «Soy amor»,
«Soy una líder tribal», «Soy una mística», «Estoy
preparada para levantarme», «Soy gracia».

Estate abierta a las sorpresas. Quita una a una las capas
y deja que tu yo más íntimo aflore.

PREGÚNTALE A LA PARTE DE TI QUE SABE

Hay una parte de ti que sabe la respuesta a todo lo que buscas: cuál es tu camino, tu propósito, en qué dirección ir y en qué momento exacto dar el salto.

Antes de encarnarte, recibió un mandato del espíritu y, en cuanto lo oyó, esa parte de ti se lanzó de inmediato, impaciente por empezar.

Dispuesta a ser ignorada una y otra vez, la parte de ti que sabe juró no claudicar jamás, lleve el tiempo que lleve.

Esa parte de ti que sabe que estás en el lugar exacto para hacer todo lo que has venido a hacer y sabe también que en lo más hondo tú también sabes.

Estás preparada.

Sabes cuál es el siguiente paso.

La parte de ti que sabe te está llamando en este momento y quiere que te prepares para dar el salto.

△
SALTA Y ZAMBÚLLETE EN TI

*No te quedes danzando alrededor de
la persona que quieres ser.*

Gabrielle Bernstein

Salta.

Lánzate.

No titubees.

Zambúllete de cabeza.

En tu plenitud.

Tu «tuidad».

Contradicciones, imperfecciones, rarezas, fabulaciones, todo incluido.

Al hacerlo, claro que quizá descubras que no cabes del todo, pero es solo porque para dar cabida a tu grandeza tal vez necesites un poco más de espacio.

ACTIVA TU LUZ
¿Cómo puedes zambullirte más en ti?

PIENSA CON
EL **ALMA**.

△
HAZ CASO AL DESASOSIEGO

Esa sensación de desasosiego.

Esa irritante sensación de desasosiego.

Esa inoportuna e irritante sensación de desasosiego.

Hagas lo que hagas, sigue ahí. No se mueve de donde está.

Me pasé años ignorando esas sensaciones de desasosiego. Lanzándoles una buenísima dosis de empecinamiento, ego, racionalizaciones retrospectivas e intentando anestesiarlas. Es agotador. Y hasta que prestas atención, la vida no para de arrojarte cebo para avivar el desasosiego. Para atraer tu atención hacia la luz encerrada dentro de ti que está ansiosa por salir.

Hazle caso al desasosiego ahora mismo.

El desasosiego es el alma que te tira de la manga, que hace todo lo posible por llamar tu atención antes de tener que emplear medios más drásticos. Presta atención, porque si no le haces caso al desasosiego, el Universo te arrojará algo en mitad del camino. Y entonces lamentarás no haber respondido al desasosiego cuando tuviste la oportunidad (carcajadas).

ACTIVA TU LUZ
¿Qué intenta decirte esa sensación de desasosiego?

¿Quién has venido a ser?

CONFÍA EN TU
INTUICIÓN,
ESPECIALMENTE
CUANDO NO
TIENE LÓGICA.

△

RESPONDE AL DOLOR

Tenemos dentro un dolor constante que necesita desesperadamente atención. No es un dolor físico ni es un dolor mental. Es mucho más profundo que cualquiera de los dos.

Llegamos a esta vida con él y, si no lo atendemos, seguirá donde está cuando muramos. Impulsa nuestros deseos más profundos (nuestras mejores decisiones y las peores). Está a nuestro lado cuando nos despertamos en mitad de la noche y mientras nos preparamos un té. Está ahí en los momentos buenos y en todos los malos. El dolor es tu alma que te llama, y hagas lo que hagas por ignorarlo, anestesiarlo o debilitarlo, jamás desaparecerá.

Hasta que nos detengamos y lo invitemos a sentarse y a que nos hable, sentiremos siempre cierto malestar. Un ligero desajuste. Como si algo no anduviera del todo bien. Responde al dolor.

ACTIVA TU LUZ
¿Qué anhela tu alma tan desesperadamente?
¿Qué intenta decirte?
¿Qué pequeño gesto puedes tener hoy para responder a ese dolor?

△

NO VAS A PERDERTE LA VIDA

L a única manera de perderte la vida es pasarla pensando que te la vas a perder. No hay una forma infalible de vivir, una respuesta perfecta, ni un camino correcto que tomar.

Irás ingeniándotelas sobre la marcha,
y luego basta con que bailes *superrápido*.

Es igual de importante equivocarte que acertar. En realidad, equivocarte es muchas veces un requisito indispensable para acertar. Las meteduras de pata, los fracasos, la confusión, la desesperación... Todo esto va formando tu camino menos trillado.

Que no te preocupe tener que levantar los brazos y decir: «No tengo ni la más remota idea de hacia dónde voy».

Respira hondo, muy hondo, y sigue adelante de todas formas.

ACTIVA TU LUZ
Si no tuvieras miedo, ¿qué harías?

△

MI ALMA ME LLAMA A...

Tercera parte

USA
TU
LUZ

Es hora de responder a las llamadas del alma

¿QUIÉN, SINO TÚ? ¿CUÁNDO, SINO AHORA?

EMMA WATSON

△

TU ALMA ESTÁ SIEMPRE LLAMANDO

Nunca se es demasiado mayor para responder a su llamada y nunca puede ser demasiado tarde. Pues si te digo la verdad, el alma está siempre llamando: llamaba ayer, está llamando hoy y seguirá llamando la semana que viene.

Responder a la llamada del alma no es un acto único; es una conversación permanente. En realidad no consiste en llevar a cabo una gran acción decisiva, o en encontrar la respuesta a una gran pregunta trascendental: «¿Cuál es mi propósito en la vida?». Consiste en hacer cientos y miles de pequeñas cosas orientadas en esa dirección, una tras otra. Respondiendo continuamente a cada pequeña llamada —un paso aquí y un salto allá— es como un día nos descubrimos viviendo la vida que estamos llamadas a vivir.

Cuando descubrimos esa gran vocación, parece que «acabara de aparecérsenos de repente», pero en realidad lleva una eternidad fraguándose. Tu alma conoce tu trayectoria.

Sigue escuchando, y haciendo realidad, los susurros de tu alma todos los días y para cuando quieras darte cuenta, estarás muy bien encaminada.

Tu alma te indica con delicadeza todo el tiempo la dirección, y con sutileza te hace avanzar hacia aquello que te ilumina por dentro. Si esperas hasta haber averiguado exactamente hacia dónde te llevará este camino antes de decidirte a actuar, nunca experimentarás la alegría desbordante de andar tu camino.

ESCUCHA A TU ALMA. ¿QUÉ TE ESTÁ LLAMANDO A **HACER JUSTO AHORA?**

△

CUESTA MÁS IGNORAR
UNA LLAMADA QUE CONTESTARLA

Si este libro ha llegado a tus manos, probablemente sea porque el alma te habló y tú respondiste. Da igual que lo compraras personalmente, que se cayera de una balda o que alguien te lo regalara. El alma se expresa por medio de sentimientos, añoranzas, anhelos, un saber profundo, vibraciones, señales, la naturaleza, personas. Tiene su sede en el corazón y alberga un plan maestro para tu vida. Pero no puedes oír la llamada del alma si no haces sitio en tu día a día para escucharla.

La mejor forma que yo he encontrado de conectar con la voz del alma es la meditación practicada con regularidad. No hablo simplemente de pasear o hacer algo de carácter meditativo, sino de sentarse y escuchar de verdad, todos los días. Tu alma tiene secretos que contarte, pero has de encontrar tiempo y espacio para oírlos antes de poder actuar de acuerdo con ellos.

Una vez que se ha oído la voz del alma, no se puede desoír. Por mucho que lo intentes, si ignoras la llamada de tu alma, la vida se vuelve incomoda. Quizá te descubras intentando calmar ese sentimiento doloroso con cosas del mundo exterior. Tal vez lo consigas durante un tiempo, pero tarde o temprano esa sensación de desasosiego vuelve, y cada vez hay que hacer un esfuerzo mayor para desterrarla.

No te esfuerces en vano intentando ignorar la llamada; crea espacio en tu vida para oír sus susurros diarios. Cuanto más escuches, más alto te hablará.

ACTIVA TU LUZ

¿Has empezado ya a sacar tiempo para escuchar a diario las llamadas de tu alma?

Puedes descargar la meditación Light Sourcing,* como ayuda para abastecerte de la Fuente, en www.lightisthenewblack.com.

---

* N. de la T.: en inglés.

△

UNA COSA ES LA VOCACIÓN DEL ALMA, OTRA SON SUS LLAMADAS

*Honrar tu vocación es el mayor regalo, mayor que nada que
puedas recibir. Es para lo que naciste, y lo que
te hará estar más auténticamente viva.*

OPRAH WINFREY

El alma está eternamente llamándote a seguir tu vocación más elevada. Responder a la llamada de tu alma no consiste en experimentar una única revelación; es más bien la danza de toda una vida.

Tu alma sabe qué rumbo debes tomar y por eso está siempre llamándote a seguir en esa dirección. Pero para que se te revele tu verdadera vocación, antes tienes que atender todas esas pequeñas llamadas a lo largo del camino. Es imposible encontrar esa gran vocación sin responder primero a las llamadas diarias del alma.

¿Has estado posponiendo responder a los susurros de tu alma porque estás intentando averiguar primero cuál es tu verdadera vocación (en otras palabras, porque quieres saber cuál es el destino final antes de dar los primeros pasos)?

ACTIVA TU LUZ
Piensa en algo práctico que puedas hacer en las próximas
veinticuatro horas para responder a las llamadas de tu alma. ¿Qué es?

△

NACISTE SABIENDO

Quiero decirte ahora que lo que estés llamada a hacer, sea lo que sea, es tu vocación. Haciendo lo que quiera que te alegre el corazón y te conecte con tu luz es como iluminarás el mundo. Como más puedas iluminar el mundo es tu vocación.

El mundo te necesita llena de luz.

En lo más hondo de ti, ya sabes lo que anhelas. Lo que tu alma ansía. Lo que has venido a hacer a este mundo. No hay nada nuevo que descubrir, solo hay que revelar lo que ya es.

Rememorarlo. Recordarlo. Llamarlo a que vuelva a casa.

Estás exactamente en el lugar idóneo para responder ahora a tu llamada. No necesitas saber cuál es el plan completo. Ni siquiera necesitas saber a dónde conduce. Solo necesitas dar el siguiente paso.

En las lecturas del alma que he hecho, he visto que en lo más hondo todo el mundo sabe a qué ha venido a este mundo. En lo más hondo saben exactamente qué anhelan hacer.

En lo más hondo, saben en realidad cuál es su vocación con mucha más claridad de lo que nunca imaginarían. Pero las trampas en las que cae la mayoría de la gente son:

- Querer ponerle nombre, en lugar de dedicarse simplemente a hacer aquello que les hace sentirse vivos y los ilumina por dentro.
- Buscar algún tipo de confirmación de que eso que les hace sentirse vivos es realmente lo que deben hacer, y de que son lo bastante competentes para hacerlo.
- Creer que necesitan tener un plan de cómo va a suceder exactamente todo antes de plantearse dar el primer paso.
- Compararse con otras personas que ya han encontrado su camino (¡un logro de la noche a la mañana nunca es un logro de la noche a la mañana!).

Nadie ha tenido nunca el plan completo y perfecto. No hay destino final. No hay una manera correcta o equivocada de trabajar y NO necesitas permiso de nadie. No te agobies. No seas tan exigente. No tengas la vista puesta en el desenlace, en el plan, y empieza ahora mismo, haciendo algo que te llene, que te saque de la cama y te apetezca mucho hacer. Y luego algo más. No hace falta que tenga sentido (las mejores cosas nunca lo tienen).

Como dijo Steve Jobs: «Solo al mirar atrás empiezan a conectarse los puntos y se ve el dibujo»... pero, antes, tienes que ocuparte de crear algunos puntos.

TODAS TENEMOS UN SUEÑO SECRETO, POCAS UNO PÚBLICO

Tiene una fuerza insuperable expresar los mayores, los más deslumbrantes y audaces deseos de nuestra alma en voz alta. Le hace saber al Universo que estamos preparadas, y a la gente le regala la oportunidad de ayudarnos a hacerlos realidad.

Durante muchos años Jess se dedicó a sus quehaceres y el sueño de ser artista lo dejaba escondido bajo la almohada. Por temor a no estar preparada, a no ser lo bastante buena y a lo que pensaría la gente. En el instante en que empezó a verbalizar su sueño, ocurrió algo milagroso; todos los que la conocían exclamaban: «Pues claro, ¡ya va siendo hora de que lo hagas realidad!».

La gente que te quiere te seguirá queriendo. Quienes prefieren que no brilles tal vez se desvanezcan, pero qué le vamos a hacer, no eran una compañía que valiera la pena conservar, de todas maneras.

ACTIVA TU LUZ
Si supiera que no puedo fracasar, me lanzaría a...
Si no tuviera miedo a lo que pueda pensar la gente, me lanzaría a...
Si no tuviera que pedir permiso, me lanzaría a...
Si el dinero no fuera un impedimento, me lanzaría a...
Mi sueño secreto es...

TU ALMA TIENE
TODAS LAS **RESPUESTAS**.
SI QUIERES OÍRLAS:
ENTRA EN TI.

△

¿TRABAJO O VOCACIÓN?

Puedes perder el trabajo, pero no puedes perder la vocación.

MARIANNE WILLIAMSON

Un empleo es eso a lo que te presentas cada día para que te paguen. Disfrutes con él o no, se considera «trabajo».

Una vocación es algo que haces porque te encanta y no puedes imaginarte haciendo algo que no sea eso. Es algo que harías gratis por el puro placer de hacerlo y a veces te da la sensación de que es justamente la razón por la que se te puso en la Tierra.

Un empleo te obliga a encajar en un molde.
Una vocación se expande contigo.

Tu vocación no tiene por qué ser elevada y trascendental, y no tiene por qué ser tu trabajo. Tal vez sea ser una buena madre o una activista por la paz en la ONU.

Toda mi vida he sabido que quería llegarle a la gente al corazón con mis creaciones. No sabía cómo iba a hacerlo, pero era consciente de que no podía ignorar ese profundo anhelo de mi alma. Para mí, el trabajo era siempre una prioridad, y elegí una madre muy trabajadora para que me lo inculcara aún más.

Dividida como estaba entre la espiritualidad, la sanación, la escritura, las artes creativas y las ciencias empresariales, estudié bellas artes y luego me licencié en ciencias de la comunicación, mientras que el tiempo libre y el dinero que tenía los invertía en aprender cuanto podía sobre metafísica, el desarrollo del alma, el propósito de la vida, la intuición y la conciencia.

Me dediqué a la publicidad porque quería que mis ideas llegaran a la mayor cantidad de gente posible. Pero, para ser sincera, elegí esta profesión porque pensé que era la forma socialmente más aceptada de irradiar mi luz. Era una trabajadora de la Luz, pero clandestina. Me convencí de que la publicidad me permitiría difundir mi energía y, un día, cuando lo hubiera logrado, podría cambiar de verdad el mundo.

Siendo ambiciosa por naturaleza, me dedicaba día y noche a ingeniar ideas para impresionar a los directores creativos y conseguir mi primer trabajo. El día que recibí una llamada en la que me ofrecían el puesto de creadora novel, me puse loca de contenta. Aportar ideas el día entero, entender cómo pensaba la gente, trabajar con directores famosos, ir a rodajes y que me invitaran a comer... Había cantidad de cosas de este trabajo que me encantaban, pero al acabar el día, un sentimiento de desasosiego me estaba esperando, susurrándome que ese trabajo no era el camino en el que desarrollar mi potencial más elevado.

Cuando llevaba seis meses trabajando, la empresa se fusionó con otra agencia líder y para mí representó el despido. Sin perspectiva ni experiencia suficientes para no tomármelo como algo personal, me sentí destrozada y avergonzada. La voz interior me gritaba que aquella era la oportunidad de dedicarme a mi verdadera vocación, pero mi ego interpretó el despido como una derrota. Un mes más tarde, encontré trabajo en otra agencia.

Al cabo de unos cinco años, tras haberme ido a vivir a Londres y haberme introducido allí en el sector, estaba agotada y vacía. Casi todo lo que el trabajo representaba me encantaba, pero era agotador, me consumía toda la energía. En un esfuerzo por llenar mi espacio interior, recurría al café, a la comida y salir a tomar copas con la gente del trabajo y los amigos para animarme y seguir adelante. El departamento creativo al completo vivía con miedo, todo el mundo mirando a su alrededor con desconfianza, preocupados por que en cualquier momento se los despidiera si sus últimas ideas no eran todo lo buenas que se esperaba. Aunque yo sabía que era competente en lo que hacía, sabía también que había mucho más en mí que no estaba utilizando. Todas las noches llegaba a casa completamente agotada, pero aun así sintiendo que había algo en mi corazón que no se había expresado en el trabajo.

Cuando oí a Marianne Williamson decir: «Puedes perder el trabajo, pero no puedes perder la vocación», me di cuenta de que en lugar de forjarme mi propio camino había estado intentando embutirme en una caja con forma de trabajo. Aquel empleo se me había dejado en préstamo, pero mi vocación era algo que nadie me podría quitar jamás.

Eché un vistazo pero no encontré ningún trabajo que encajara en el molde de lo que estaba llamada a hacer. Sabiendo que cualquier espacio que dejemos vacío Dios lo llenará, dejé la empresa y recé. Actualicé mi página web para que reflejara enérgicamente la persona que era y mi singular y ecléctica mezcla de intereses y aptitudes. Decía entre otras cosas que era ambiciosa, de gran corazón, creativa, una mujer comprometida con la misión de cambiar el mundo con sus creaciones, imaginativa, escritora auténtica, amante de los viajes (de espíritu gitano), apasionada, trabajadora, práctica, creyente, emotiva. Afirmaba una y otra vez:

Mis creaciones alientan e inspiran a gente de todo el mundo.
Sirvo al mundo siendo yo.

No te engaño, al cabo de solo una semana me seleccionaron para el trabajo más alucinante jamás soñado —iban a pagarme por recorrer el mundo llenando de cromatismo los espacios grises— con el *Let's Colour Project.*[*]

---

[*] N. de la T.: El proyecto *Let's Colour* es una iniciativa comunitaria cuyo objetivo es iluminar con colores vibrantes los espacios más grises de diversas ciudades de todo el mundo (Río de Janeiro, Londres, París, Jodhpur...).

Había dado el salto y el Universo me atrapó al vuelo. Un par de semanas después emprendí un viaje alrededor del mundo acompañada de un equipo estupendo de gente creativa y de gran corazón que lo filmarían, fotografiarían y documentarían. Pusimos color a orfanatos, escuelas, plazas y calles. Cobraba una cifra desorbitada (el doble del salario anterior) por hacer uso de mi creatividad, grandísimo corazón y espíritu de aventura para hacer del mundo un lugar con más colorido.

ACTIVA TU LUZ
¿Qué tienes en la actualidad, un trabajo o una vocación?
¿Hay algo más en ti, que anheles
comunicar al mundo?

△
TU TESORO DE TALENTOS

Tienes más aptitudes de lo que pudieras imaginar. Miles de aptitudes, todas a tu alcance. Esperando simplemente a que las desarrolles. Cosas que te resultan naturales, en las que quizá ni siquiera piensas, porque son innatas, tan inherentes a ti, tan espontáneas y tan abundantes... Y luego están los talentos de los que en algún momento empezaste a dudar. Los que elegiste guardar en el armario, pensando que quizá no eras lo bastante competente. Lo eres. Eres más que competente.

Solo porque ahora no hagas uso de tus talentos no significa que no estén en ti la cantante, la cómica, la poeta y la bailarina, la que sabe escuchar, la optimista, la cocinera y la inspiradora. Cuanto más recuerdes y reivindiques estas partes de ti, menos le costará aflorar a tu auténtico yo. Tu auténtico yo es pródigo, es mágico.

Hay cosas que te encanta hacer, muchas de las cuales probablemente hayas hecho siempre sin cobrar por ellas. Me refiero a aquello por lo que la gente te da las gracias y te elogia. Eso a lo que puedes dedicarle horas sin fin porque te absorbe por completo. Pero solo porque seas feliz haciéndolo gratis no significa que tenga que ser así. Mereces una retribución por hacer todo eso que da alegría. De hecho, está empezando a ser la manera más abundante de avanzar.

Para poder iluminar el mundo con nuestra luz, antes tenemos que reconocer el regalo tan singular que somos para él. Seas quien seas, tienes más dones que minutos hay en el día. Es la magnífica mezcla de esos dones lo que te hace TÚ.

Quizá te resulte abrumador, pero es verdad. A medida que reconoces tus dones la gente de tu entorno empieza a advertirlos también y de repente comienzas a atraer oportunidades, que dan vida a esos dones.

No comprimas tu genialidad para embutirla en una caja cuadrada.
Ocupa todo el espacio que necesites y desbórdate por los costados.

Vivía en Londres desde hacía unos seis meses, pendiente de conseguir un puesto de trabajo en alguna de las agencias de publicidad más importantes. Me había entrevistado con un director creativo tras otro y todos me habían dicho lo mismo: «Nos encanta lo que haces pero no sabemos dónde encajarte». La industria publicitaria en Australia era bastante distinta de la de Londres. Además de tener experiencia en televisión, cine y diseño textil, había hecho páginas web y películas en línea. Pero lo que hubiera debido ser una ventaja en realidad actuaba en mi contra, y de pronto me di cuenta de que había estado intentando embutirme en una caja con forma de Londres.

Estaba casi sin dinero, pero me negué a aceptar ningún trabajo que no fuera el de mis sueños, y era demasiado orgullosa para volverme a Australia. Pero un día, al pensar en la gente a la que más admiraba, descubrí que no intentaban encajar para cumplir sus sueños, sino que abrazaban su singularidad y se forjaban su camino. Así que anoté todas las singularidades que había en mí y creé una afirmación, que las englobaba todas: «Tengo un trabajo que solo yo puedo hacer y recibo por él una paga de ensueño. Mis ideas creativas se extienden por todo el mundo».

Un mes más tarde, un director creativo me llamó de improviso. No había trabajado directamente con él, pero lo había conocido tomando una copa de espumoso mientras celebrábamos un nuevo triunfo comercial de la agencia publicitaria. Empezamos a charlar y le hablé de mi pasión por los viajes; él hizo algunas bromas de estilo australiano y me enseñó lo que era un «huevo escocés».*

---

*N. de la T.: huevo cocido que se reboza en una mezcla de salchichas picadas y pan rallado, y luego se fríe.

Me explicó por teléfono que el trabajo era muy singular, pero que había pensado que yo era la persona ideal para desempeñarlo. Al oír aquellas palabras, me dije «choca esos cinco», porque sabía que mi afirmación ¡había surtido efecto!

Viajaría sin parar alrededor del mundo para Skype y contaría el viaje mediante escritos, fotografía, filmaciones y las redes sociales: cinco continentes en treinta y tres días, conociendo a gente asombrosa y visitando veintisiete ciudades (prácticamente todas las que tenía en el tablero de mi mente). El único problema era que tenía que hacerlo todo en constante movimiento (incluido dormir). Era todo un reto, y también una de las experiencias más fascinantes de mi vida.

Al reconocer mis dones, y decidir no encajar en la caja de la normalidad, había atraído un trabajo que no solo era ideal para mí, sino que yo era también ideal para él. Con frecuencia me encontraba en situaciones tan nuevas que nada de lo que estaba acostumbrada a hacer me servía, pero precisamente por eso pude darme cuenta de que tenía aptitudes que ni siquiera sabía que existieran en mí.

Eso de agachar la cabeza y resignarnos a encajar está tocando a su fin. Cuando de verdad abrazamos nuestros dones sin disculparnos por ello, creamos una especie de magia imposible de imitar. Cuando tomamos conciencia de nuestros dones y los apreciamos, el mundo es consciente de ellos y los aprecia también. En la Era de la Luz recibiremos retribución y apoyo por hacer aquello que nos resulta natural hacer, por compartir nuestros dones inigualables.

No necesariamente tienes por qué dejar tu trabajo para expresar tus talentos. Cuando los reconozcas y los hagas tuyos, tu vida se expandirá contigo. No te amoldes a una caja que ya existe. Sigue descubriendo, desbórdate y exprésalos todos ahora.

MANTRA

Tengo un trabajo que solo yo puedo hacer
y recibo por él una paga de ensueño.

△

LA INTERMINABLE LISTA DE TALENTOS

Pon nombre a tus talentos. No hay respuestas equivocadas. Podría ser cualquier cosa, desde saber escuchar hasta tener un gran sentido del humor. Podría ser simplemente que no te andas con rodeos y tienes especial facilidad para decir lo que quieres decir. Podría ser que tienes un grandísimo corazón o sientes un gran amor por los animales. Podría ser que tienes una caligrafía preciosa o que captas lo que la gente siente. Da igual cuáles sean, el caso es que los sigas descubriendo. Cuantos más talentos nombres, más aflorarán.

ACTIVA TU LUZ

De entre tu singular y ecléctica mezcla de talentos, escribe ahora una lista de diez. Ten la lista a mano y sigue aumentándola conforme vas descubriendo más y más cada día.

1. _____   6. _____
2. _____   7. _____
3. _____   8. _____
4. _____   9. _____
5. _____   10. _____

NO TIENES POR QUÉ PERSEVERAR

No estás obligada a perseverar simplemente porque hayas perseverado hasta ahora. Cuanto más se persevera en algo, más costará soltarlo. Pero lleves el tiempo que lleves aferrándote, manteniéndolo todo atado, tirando hacia delante como sea, aun así te va a resultar más fácil soltar hoy de lo que te resultará mañana.

Puedes hacerlo.

Aunque tal vez tengas la sensación de que los años de lucha y de todo el esfuerzo han sido en balde, te aseguro que en realidad es todo lo contrario. No te quedarás sin nada, y nada es en balde jamás. Esa voz interior que te llama no tiene planes de cejar en su afán. Ahógala todo lo que quieras, pero seguirá inamovible en tu pecho en cuanto te despiertes.

Esa voz quiere lo mejor para ti.

Escucha sus susurros, su insistencia y sus gritos. Ella ve lo que se avecina y tiene sus razones para no darte tregua. La única manera de detener su apremio, sus patadas y sus chillidos es aflojar las riendas.

Confía, entrégate, abandona, ríndete.

La fase previa a la rendición puede ser larguísima. Pero una vez que se ha producido, lo que sea apropiado para ti te llegará de inmediato. Y entonces te preguntarás por qué no has actuado antes.

ACTIVA TU LUZ

¿En qué sigues perseverando solo porque
has perseverado en ello tanto tiempo?

△
ORACIÓN PARA SOLTAR

Madre Divina:
ruego por que mi alma sea obstinada y mi espíritu fiero.

Por encontrar la fuerza para soltar lo que me limita
sin tener nada en perspectiva que ocupe su lugar.

Por que encuentre el valor para escuchar, sobre todo
cuando no me gusta lo que oigo.

Y cuando finja no oírte, por favor
habla aún más alto...

Pues entonces es cuando más te necesito.

Gracias. Así sea.

△

VOCACIONES EN LA SOMBRA

Todo el mundo tiene una vocación pero no todo el mundo tiene el valor para responder a ella. De hecho, la mayoría de la gente ignora por completo su vocación. Que estés leyendo este libro es toda una proeza.

Inspirándome en el concepto de artista en la sombra que expresa Julia Cameron, una «vocación en la sombra» es cuando no tenemos el valor para responder a nuestra vocación más elevada y acabamos conformándonos con algo a medio camino. Es el caso de los mánager que anhelan cantar, los productores de cine que quieren dirigir, los agentes teatrales que están hechos para el escenario, los jefes de proyectos que ansían hacer arte, los historiadores que están llamados a hacer historia y los redactores que tienen escritos diez libros en la cabeza.

Solo tú sabes si te dedicas a una profesión que ensombrece tu alma.

Mirar desde la grada es una tortura. Los dones que tienes has de expresarlos, y si no tomas la iniciativa de manifestarlos, el Universo encontrará el modo de hacer que salgan de ti. Pero tal vez de una manera que no te complazca demasiado.

En lo más hondo siempre he sabido que quería escribir, crear, sanar, infundir aliento. Pero dejé en la sombra mi vocación y trabajé de redactora publicitaria. En muchos sentidos el trabajo me encantaba, porque me pagaban por escribir y crear. Pero al volver a casa cada noche, me sentía insatisfecha porque no me estaba dedicando a expresar los dones de sanadora y guía motivacional.

Así que la vida me hizo ser esa sanadora y guía motivacional, al margen de mi profesión. Mi novio tenía depresión crónica y esto me obligaba a dedicar gran parte de mi energía a encontrar maneras de ayudarlo a superarla. Varias de mis amigas íntimas también sufrían de depresión.

En aquella época trabajaba en un equipo creativo con un chico tetrapléjico. Había elegido trabajar con él por lo inspirador que me resultaba. Como no podía moverse del cuello para abajo, las gafas que usaba tenían un chip láser incorporado que estaba conectado a su ordenador, y hacía los retoques en Photoshop moviendo la cabeza. Compartíamos despacho, y cada hora llegaba una enfermera a darle agua, comida, a cambiarlo de posición y llevarlo al baño. Si en algún momento no había ninguna disponible, me hacía cargo yo. Mientras trabajábamos juntos tuvieron que hacerle una traqueotomía de urgencia, lo cual significaba que había que ayudarlo a expectorar más o menos cada hora. Prácticamente todas las distintas partes de mi vida me exigían que apoyara y motivara a los demás. Pero estaba sin apenas energía, así que era agotador.

Ahora veo que con todo esto el Universo estaba intentando mostrarme mi auténtico camino y que aquella etapa de mi vida fue un regalo.

Cuanto más tiempo te quedas en una situación que no se corresponde contigo, más te cuesta dar el salto a tu verdadera vocación. Sé que es difícil cuando has trabajado por algo hasta dejarte la piel y que soltarlo da miedo. Pero al final no será tan terrible ni tan difícil como piensas. Nada es jamás en vano. Cuanto antes des el salto, antes echarás la vista atrás y dirás: «Estoy tan contenta de haber tenido el valor de saltar...».

ACTIVA TU LUZ

¿Tienes una vocación en la sombra o vives tu verdadera vocación?
¿Qué te está pidiendo tu alma que hagas?

△
QUÍTATELO DE ENCIMA

Es fácil quedarte atrapada en hacer algo solo porque se te da bien. O solo porque has dedicado cantidad de tiempo a ser competente en esa actividad y tienes miedo de dejarla.

Cuanto más competente seas haciendo distintas cosas, más difícil te resultará diferenciar las aptitudes naturales de las que has aprendido o te has obligado a cultivar... sobre todo si lo que te motiva es la aprobación.

¿Qué has aprendido a hacer verdaderamente bien
pero en realidad no te gusta?

MÚLTIPLES VOCACIONES

¿Qué quieres que haga?
¿Adónde quieres que vaya?
¿Qué quieres que diga, y a quién?

Un curso de milagros

Necesitamos que haya gente más consciente en el poder en todas las esferas de la sociedad. Quizá sentiste la vocación de trabajar en un determinado sector y luego en otro. No te castigues, si de la noche a la mañana te sientes llamada a hacer algo distinto. Nada es jamás en vano. Recuerda, tu alma está siempre llamando, todos los segundos del día; no es una única oferta.

Cuando consagramos la vida a estar al servicio del Universo, siempre se nos mostrará el camino. Esto no significa que antes fueras mal encaminada. Lo único importante es que escuches, confíes y respondas a la llamada hoy. Cuando lo hagas, todo lo que permanecía en suspenso te será entregado y te sentirás respaldada a cada paso del camino.

ACTIVA TU LUZ
¿Qué te sientes llamada a hacer en este instante?

△
AL FINAL LOS PUNTOS SE CONECTAN

En mi caso, hasta hace un par de semanas no se conectaron los puntos en cuanto a ser escritora. Estaba en París con mis padres, que habían venido de Australia. Mi madre, sabiendo que cuando llegaran estaría escribiendo este libro, me trajo un cuento que escribí a los trece años para un trabajo de clase.

Después, la oí decirle a mi novio que ella siempre había sabido que sería escritora, porque siempre me había visto capaz de expresar los sentimientos por escrito como no era capaz de hacer en voz alta.

Le contó que no conseguía que me saliera ni una palabra que explicara la profundidad de lo que tenía dentro, sobre todo en medio de una discusión. Impotente para explicar cómo me sentía, solía acabar llorando. Detestaba que me ocurriera eso y me iba corriendo a mi habitación, agarraba un papel y un bolígrafo y dejaba hablar al corazón. Media hora después, mis padres recibían una carta de diez páginas por debajo de la puerta de su habitación (o, si estaba muy enfadada, estampada sobre el mostrador de la cocina), en la que explicaba desde todos los puntos de vista lo que había sucedido y cómo nos había hecho sentirnos a cada uno. Mi madre se rio y dijo: «No teníamos ni idea de cómo le había llegado aquella comprensión emocional ni de qué hacer con ella. ¡Pensaba mucho!».

Lo mejor de todo es que, aunque mi madre siempre me había dicho que «sabía usar muy bien las palabras», yo no la había creído.

Para mí una escritora era alguien que tenía buena ortografía, leía rápido, era un as de la gramática, devoraba con pasión toda clase de libros y manejaba un vocabulario muy rico (y yo no tengo ninguna de esas aptitudes).

Sin embargo, toda mi vida he tenido un deseo inmenso, como con vida propia, de dejar hablar al corazón. Ahora, al mirar atrás, me resulta obvio que escribir desde el corazón y sentir intensamente sería a donde me conduciría mi camino. Pero en aquel tiempo, no tenía ni la más remota idea. Los puntos solo tienen sentido cuando pueden conectarse. Lo bueno es que al final siempre se conectan.

ACTIVA TU LUZ

¿Cómo eras de niña?

¿Qué te resultaba fácil?

¿Qué te costaba hacer?

¿En qué eras distinta de las demás niñas?

△

CONSAGRA TU VIDA

¿A qué, de todo cuanto existe, consagrarías tu vida si tuvieras la oportunidad? (La tienes). Una meta, una causa, cantidad de cosas, alguien, algo en lo que crees apasionadamente, una idea que no te deja en
paz. Despertarte cada mañana. Trabajar horas sin fin. Superar con arrojo
los malos momentos. Fluir con los buenos.

¿Qué haces incansablemente incluso cuando no tienes ni una gota
de energía? Sobre todo cuando no tienes ni una gota de energía. ¿Qué
te resucita?

¿Qué haces cuando nadie te mira? ¿Por qué quieres que se te conozca? ¿Qué detalle o aspecto concreto quieres cambiar? ¿Qué segui-
rías haciendo, si fueras la única persona que quedara en el planeta?

ACTIVA TU LUZ
Si tuvieras que consagrar tu vida a una sola cosa, ¿cuál sería?

EL SENTIDO
DE LA VIDA ES
ENCONTRAR TU DON.
EL PROPÓSITO
DE LA VIDA ES
REGALARLO.

PABLO PICASSO

△
PREGÚNTALE A LA PARTE DE TI QUE SABE

¿Quiénes son tus héroes? ¿Cómo se ganan la vida?

¿Sobre qué tema no te cansas nunca de aprender?

¿Qué te apasiona?

¿Qué te resulta natural hacer?

¿Por qué te da las gracias la gente?

¿Qué te gusta hacer más que ninguna otra cosa?

¿Cuál es tu cita preferida?

¿Qué es lo que más te enfada de todo?

¿Cuál es tu sueño secreto?

¿De qué podrías hablar la noche entera, sin entender de repente a dónde han ido a parar todas esas horas?

¿Por qué te levantarías a las seis de la madrugada un domingo?

Si tuvieras que dar una charla TED y supieras que iba a ser un éxito rotundo,* ¿sobre qué sería?

¿Sobre qué trata la mayoría de los libros que lees?

Si no te importara lo que pudiera pensar la gente, ¿qué harías?

Si pudieras volver a empezar tu vida profesional desde cero, ¿qué harías?

Si te quedaran cinco años de vida, ¿qué harías?

¿Qué te gustaría ser de mayor?

Si pudieras regresar al día que terminaste el instituto, ¿a qué profesión elegirías dedicarte?

Si tu yo de ochenta y ocho años te estuviera aconsejando, ¿qué te diría?

Si tu yo de ocho años te estuviera aconsejando, ¿qué te diría?

¿Qué te está pidiendo tu alma que hagas ahora mismo?

¿Qué vas a hacer al respecto?

---

* N. de la T.: TED, Tecnología, Entretenimiento, Diseño (Technology, Entertainment, Design), es una organización sin ánimo de lucro dedicada a las «ideas dignas de difundir», conocida por su congreso anual y sus charlas (TED Talks) sobre temas que incluyen ciencias, arte y diseño, política, educación, cultura, negocios, asuntos globales, tecnología, desarrollo y entretenimiento.

△

¿QUÉ TE CONECTA CON TU LUZ?

Si algo te apasiona no es por azar, es tu vocación.

FABIENNE FREDRICKSON

Iluminamos el mundo haciendo lo que nos ilumina el corazón, lo que nos conecta con nuestra luz. Lo que a ti te conecte con tu luz será completamente distinto de lo que me conecta a mí con la mía. No hay caminos equivocados, ni errores garrafales, ni un plan de vida completo que determine tu día a día, grabado en piedra por la mano del Dios con mayúscula. Estamos aquí para hacer partícipe al resto del mundo de los singulares talentos que todas poseemos. No hay ningún gran secreto que desvelar, ningún contrato que establezca: «Harás X, después de eso harás Y y justo después de eso harás Z». No descubrimos la vocación de nuestra alma, se nos revela cuando hacemos aquello que nos ilumina el corazón y nos disolvemos en ello.

Si te encanta oler las flores, huele flores. Si te encanta escribir, escribe. Si te encanta organizar eventos, organiza un espectáculo. Si te encanta crear arte, saca las pinturas al pastel. Si te encanta la comida cruda, agarra el cuchillo y empieza a picar. Si te encanta hacer fotos, disfruta pulsando el disparador. Si te encanta bailar al son de la música clásica fuerte, da una patada que llegue hasta el techo. No pienses que solo puedes hacer una cosa. Dale a tu alma multidimensional lo que tanto necesita. Hazlas todas.

No lo hagas por una razón o con una meta, hazlo porque te encanta hacerlo. Fúndete con ello sin saber a dónde te llevará.

Cuando hagas lo que te apasiona, el Universo captará tu sentimiento expandido y te enviará más cosas que armonicen con esa nueva expansión.

Dejándome llevar por lo que me hacía sentirme viva, lo que me conectaba con mi luz, descubrí que me encantaba hacer fotos, crear belleza y armonía alrededor, rodearme de naturaleza, pero por encima de todo dar voz a los susurros de mi alma por medio de la escritura. No escribía para contarle nada a nadie, escribía para sentirme conectada con mi alma. Me di permiso para jugar con ello absolutamente todos los días (no porque quisiera crear algo en concreto sino sencillamente porque me daba permiso para jugar).

Un día, paseando por Holland Park, oí que mi alma susurraba y lo anoté en mi agenda Moleskine con mi rotulador negro favorito. Luego me hice una foto preciosa sosteniendo la agenda en la mano detrás de un anillo con una gran turquesa y unas peonías de fondo. Colgué la foto en Instagram acompañada de un montón de palabras que me salieron de golpe. No escribía para nadie, escribía para mí. Me sentí ingrávida, energizada, expandida, tan llena de alegría...

Así que lo hice otra vez al día siguiente. Y luego al siguiente. Y luego al siguiente. Para cuando quise darme cuenta, había tropezado con lo que ahora llamo *#Rebecca Thoughts*, los pensamientos que publico con regularidad en las redes sociales y en mi blog. Escribirlos es un placer inmenso; podría hacerlo durante horas y horas sin fin. Cuando los escribo me adentro en un lugar donde el tiempo no existe, me disuelvo y una presencia superior hace su entrada. De todos modos, *#Rebecca Thoughts* se convirtió luego en el *Instant Guidance Oracle* [Oráculo para una orientación instantánea] gratuito de mi página web.

Con el tiempo, a base de cumplir cada día con esta práctica tan gozosa, empezó a aflorar mi propio estilo literario. Así que escribía todos los días, diez minutos al principio, luego veinte, después treinta y por último horas sin fin. Empecé a ganar dinero por la escritura canalizada de pensamientos de Rebecca al servicio de otra gente.

Continué comprometida, escribiendo, y han acabado siendo capítulos de este libro. Lo que empezó siendo cinco minutos de juego por el puro placer de jugar es ahora el trabajo con el que me gano la vida. Y si afloró fue solo porque tomé la decisión de hacer momento a momento lo que me iluminaba por dentro y me alegraba el corazón, sin tener la vista puesta en el resultado.

Empieza por algo pequeño y sigue el camino invisible que van trazando las cosas que te encanta hacer; sin darte cuenta aterrizarás de golpe en medio de tu vocación.

ACTIVA TU LUZ

Y a ti, ¿qué te ilumina por dentro? ¿Qué te encanta hacer que te haga sentirte alegre, inspirada, entusiasmada y ligera?

1. _____

2. _____

3. _____

4. _____

5. _____

6. _____

7. _____

8. _____

9. _____

10. _____

Dedica un rato todos los días a hacer una de estas cosas, o puedes incluso combinarlas. El truco está en jugar. No pongas la vista en el punto final, simplemente disfruta de hacer lo que te hace sentirte viva, lo que te conecta con tu luz.

HAZ LO QUE
TE ILUMINA
POR DENTRO
E ILUMINARÁS
EL MUNDO.

△

¿TE CONECTARÁ CON TU LUZ, TE DARÁ ALAS?

Aléjate, querido mío,
de todo aquello que
no fortalezca
tus preciosas alas en flor.

HAFIZ

Cada decisión que tomamos o bien nos acerca o bien nos distancia del ser que de verdad somos. A veces es difícil de captar la energía sutil de las cosas, pero en el fondo todo lleva implícito un «sí» o un «no»: sentirte bien o sentirte no tan bien. Fulgor u oscuridad. Evasión o volver a casa.

ACTIVA TU LUZ

La próxima vez que tengas que tomar una decisión,

hazte una pregunta muy simple:

«¿Qué solución me hace sentirme intensamente viva y me da alas?».

ERES TUS HÉROES

Cualquier cosa que un ser humano haya hecho a lo largo de los tiempos, tú dispones de todo lo necesario para hacerla también. Te atrae la gente a la que admiras porque reconoces en ella algo que está también en ti. Eso que ves en la gente a la que más admiras es exactamente lo que tu alma más quiere que expreses.

Uno de los momentos más reveladores de mi vida fue cuando oí a Maya Angelou hablar del dramaturgo Terencio, que alrededor del año 150 a. de C. escribió:

Hombre soy, nada humano me es ajeno.

Hasta entonces había mirado a mis profesoras, mis heroínas, mis jefas y a las líderes anteriores a mi época con lo que solo puede definirse como una admiración insana. Las había puesto en un pedestal como si estuvieran por encima de mí, como si tuvieran algo que yo aspiraba a tener... Y tal vez, solo tal vez, si me esforzaba lo suficiente por encarnar las cualidades que ellas tenían, cabía la posibilidad de ser un día igual de extraordinaria.

Pero mientras me deleitaba en la voz balsámica de Maya Angelou comprendí que mis heroínas, mujeres fenomenales como Oprah Winfrey, Sonia Choquette, Elizabeth Gilbert, Miranda MacPherson y la propia Maya Angelou, no son distintas a mí. En realidad la razón de que las admirara era que encarnaban algunas de las cualidades que yo ya tenía en lo más profundo de mi ser, solo que no me había permitido expresarlas todavía.

Eran mujeres comprometidas, valientes, auténticas, empáticas, sanadoras, con capacidad de superación, llenas de gracia y de energía, aventureras, artistas, místicas, audaces, fuertes, intuitivas, entusiastas, con iniciativa, inspiradoras, maternales.

La única diferencia entre ellas y yo era la experiencia y que ellas tenían la valentía de irradiar su luz a su manera particular sin que el ego se interpusiera. Poseían las mismas cualidades que el alma me llamaba a que aceptara en mí e hiciera mías. En el instante en que lo comprendí, fue mucho más fácil dejar de cortarme el paso, empezar poco a poco a permitir que fluyeran en mí y a expresarlas como solo yo podía.

ACTIVA TU LUZ

Escribe el nombre de las cinco personas a las que más admiras, tus héroes:

1. _____
2. _____
3. _____
4. _____
5. _____

Ahora escribe las tres cualidades que más admiras de ellas.

1. _____
2. _____
3. _____

Estas cualidades existen ya en ti.
¿Cómo puedes empezar a expresarlas en tu vida hoy mismo?

EL MUNDO
SOLO TE
RECONOCERÁ
POR QUIEN ERES
EN LA MEDIDA
EN QUE **TÚ**
TE RECONOZCAS.

△

RECONÓCETE POR QUIEN ERES

Es mejor estar en la arena, pateado por el toro,
que estar arriba en las gradas o fuera en el aparcamiento.

STEVEN PRESSFIELD

Ya eres todo lo que te gustaría ser. Pero hasta que te pares y te des cuenta de todo lo que ya eres, le seguirás pidiendo permiso al mundo y él continuará respondiendo a tu anhelante súplica con circunstancias que continuamente demoran darte luz verde. Todo eso con lo que sueñas, todo lo que echas de menos y todo lo que ansías, ya lo eres. Claro que algunas de sus manifestaciones visibles pueden no estar presentes por el momento, pero es debido a que buscamos una autoridad exterior que nos dé permiso para ser lo que ya somos. Deja de soñar, empieza a creer. Vive como si ya fueras eso (porque lo eres).

Si anhelas ser escritora, es porque ya eres escritora. Si anhelas ser artista, es porque ya eres artista. Si anhelas ser madre, es porque ya eres madre (tengas hijos o no). Si anhelas ser sanadora, es porque ya eres sanadora. Si anhelas ser cantante, es porque ya eres cantante.

Lo que quiera que anheles ser, ya lo eres.

Di en voz alta quién eres hoy. Y simplemente pon manos a la obra. Escribe. Crea. Cuida. Sana. Canta. Al revelarlo cada día, el anhelo que necesita expresarse se convertirá en afirmación de quien verdaderamente eres, porque lo que ansía expresarse es quien verdaderamente eres.

ACTIVA TU LUZ

Secretamente, ¿qué anhelas ser?
Por ejemplo, yo anhelo ser pintora.

¿Cómo puedes empezar a actuar como si ya lo fueras?
Yo, por ejemplo, pinto todos los días.

△
NO HAY NADA COMO ESTAR EN CASA

El viaje de Dorothy en *El mago de Oz* es el que todos emprendemos en la vida. Buscamos al norte, al sur, al este y al oeste para acabar descubriendo que lo que buscábamos ha estado siempre dentro de nosotros. Lo mismo ocurre cuando intentamos encontrar nuestra vocación. El Espantapájaros, el Hombre de Hojalata y el León sienten que les falta eso que los haría sentirse plenos y daría sentido a su vida. El Espantapájaros piensa que no tiene cerebro, el Hombre de Hojalata sufre por la falta de corazón y el León cree que es un cobarde. La realidad es que el Espantapájaros es el más inteligente de los tres, el Hombre de Hojalata rebosa de compasión y el León tiene el corazón más valeroso.

Creen que su única posibilidad es preguntarle al mago todopoderoso cómo adquirir esas cualidades (recibir el permiso, la aprobación y la validación de una autoridad externa). Según transcurre el viaje, es esa cualidad precisa que hay en cada uno de ellos lo que los lleva a su destino. El mago les «revela» entonces esas cualidades y la verdadera vocación de cada uno. El Espantapájaros se convierte en el más sabio gobernante de Ciudad Esmeralda, el Hombre de Hojalata en un líder compasivo y el León en un valeroso rey.

Muy a menudo, eso que creemos que nos falta es lo que tenemos dentro; es nuestro don, pero los miedos custodian la puerta.

ACTIVA TU LUZ

¿Qué piensas que te falta? ¿Estás segura de que te falta?

△

TU MIEDO MÁS ATROZ CUSTODIA LA ENTRADA A TU MÁS ALTA VOCACIÓN

*Regla de oro: cuanto más importante sea para la evolución
de nuestra alma una vocación o una acción,
mayor resistencia sentiremos a seguirla o llevarla a cabo.*

STEVEN PRESSFIELD

Nuestra más alta vocación está firmemente enclavada justo detrás de nuestro miedo más arraigado. Como dice Steven Pressfield: «Cuanto más trascendental sea la llamada, más miedo tendrás probablemente a tomarla en serio». ¡Irritante pero cierto!

Cuando nos adentramos en nuestro yo más pleno, más radiante, más expansivo, siempre se dispara ese miedo básico. Son experiencias de la niñez las que activan esos miedos tan arraigados, y nuestro ego las utiliza como prueba de que estamos separadas y solas en este mundo.

No estás separada. No estás sola.

El ego crea entonces un guion, que nos da vueltas y vueltas en la cabeza. Si entendemos lo que el guion del ego en verdad nos dice, podemos parar el miedo en seco y disminuir el poder que tiene sobre nosotros. Algunos ejemplos de guiones del ego pueden ser:

· No valgo lo suficiente.
· Soy mala.
· No merezco nada.
· Estoy totalmente sola.

- No soy normal.
- Todo el mundo me da de lado.
- Debería darme vergüenza.
- No soy digna de que me quieran.
- No soy nada.
- Mi manera de ser no les gusta.

¿Con cuál de ellos te identificas más? ¿Puedes seguirle el rastro hasta alguna experiencia de la niñez? ¿Cuándo fue la primera vez que recuerdas haberte sentido así?

Cuanto más conscientes somos, menos poder tienen sobre nosotras nuestro miedo fundamental y el guion del ego a lo largo de nuestra vida.

Mi temor fundamental gira en torno a los guiones «No valgo lo suficiente» y «Mi manera de ser no les gusta». Arrancan de un momento a los ocho años en que mi grupo de amigas del colegio me había dado de lado. Lo que era una experiencia normal de la niñez tuvo en mí un efecto traumático. De repente, me cambió la forma de ver el mundo y el guion del ego empezó a representarse. En retrospectiva, veo que fue el miedo al rechazo lo que luego me hizo encerrarme en el armario espiritual y posponer el momento de tomarme en serio mi vocación.

Así que cuando decidí seriamente seguir mi vocación, ese miedo asomó la cabeza —A LO GRANDE—. En realidad, cada vez que respondo a la llamada del alma que me anima a expandirme, lo veo venir, acompañado de una voz en la cabeza que dice: «Ehhhhh, ¿quién te has creído que eres?».

Pero ahora sé que cuando aparece es porque he encontrado algo bueno. Así que me dejo sentir el miedo, lo expreso en voz alta (para mí misma o, mejor aún, a una buena amiga). Luego le pregunto a mi yo niña (que experimentó en origen el trauma) qué necesita oír para sentirse reconfortada.

Si notas que el miedo aparece, es en realidad buena señal: quiere decir que estás expandiéndote como puedes y debes. Si optaras por no arriesgarte e ignoraras tu verdadera vocación, el ego no tendría nada que perder. En cuanto te adentres en toda tu grandeza y optes por expandirte, los miedos asomarán la cabeza.

Contempla los miedos como oportunidades de expandirte, en lugar de obstáculos que te impiden actuar. Si los contemplas con este entendimiento, por perturbador que sea es en realidad señal de que vas por buen camino.

Mis profesores siempre me enseñaron que si no me siento dubitativa e inquieta, probablemente no esté expandiéndome y evolucionando. Y la auténtica razón por la que estamos aquí es para expandirnos y evolucionar. Cuando surja el miedo, sonríete con complicidad y di «sí» a la expansión.

ACTIVA TU LUZ
Lee los ejemplos de guiones del ego (páginas 188-189)
y luego pregúntate: «¿Cuál es mi miedo fundamental?».

Permítete sentir la sensación en el cuerpo y regresa al primer recuerdo que tengas de ella. No tiene por qué ser un recuerdo consciente, podría ser simplemente un sentimiento a una edad.

Pregúntale a tu yo niña: «¿Qué necesito oír para sentirme tranquila, querida y apoyada?».

Ahora dite esas palabras, pues probablemente sean lo que necesitas oír ahora.

La próxima vez que sientas aproximarse el miedo, choca contigo esos cinco y luego pregúntale a tu niña interior qué necesita para sentirse protegida, querida y apoyada.

△

SI NO TUVIERA MIEDO, EMPEZARÍA A...

1. _____
2. _____
3. _____
4. _____
5. _____
6. _____
7. _____
8. _____
9. _____
10. _____

(¿Ves cuántas cosas? Hazlas, hazlas ahora).

△

ORACIÓN PARA EXPANDIRTE

Amado Consejo de la Luz:
guía mis manos, mi corazón, mi boca y mis pies.
Cuando empiece a aferrarme, recuérdame que desista.
Cuando te ignore, háblame aún más alto.
Cuando ponga mis inseguridades como excusa,
ayúdame a no cerrarme el paso.
Cuando tenga miedo, haz que vea en él
una oportunidad de expandirme.
Gracias por obrar a través de mí el día entero.
Así sea.

△

¿QUÉ ES LO PEOR QUE PODRÍA PASAR?

Da miedo soltar lo conocido con la sola esperanza de que nos llegue lo que queremos. Y es normal que genere ansiedad pensar en soltarnos de lo que conocemos con certeza.

Son muchos los clientes que me dicen que quieren dejar su trabajo, pero tienen tal terror a dar el salto que se les olvida el motivo por el que están saltando. Cuando les pregunto: «¿Qué podría pasar en el peor de los casos?», la respuesta generalmente es: «Que no salga bien y tenga que volver a dedicarme a lo que hacía antes».

Es decir, si, por alguna razón, el mejor desenlace posible no se hiciera realidad, el peor desenlace posible sería volver a estar en la situación en la que están ahora.

Tienen tanto miedo al miedo de encontrarse en el peor de los supuestos que no se dan cuenta de que en realidad ya están en él.

La vida está siempre dispuesta a saltarse las reglas a beneficio de los valientes. El Universo está de tu lado.

Respira hondo y da el paso.

ACTIVA TU LUZ

¿Qué estás llamada a hacer que te da miedo?

Si no lo haces, ¿lo lamentarás dentro de diez años?

¿Qué es lo peor que podría suceder, si das el paso?

¿Qué es lo peor que podría suceder, si sigues donde estás?

CINCO PERSONAS

Jim Rohn dijo: «Eres la media de las cinco personas con las que más tiempo pasas». Una afirmación bastante impactante, si lo piensas.

En términos vibratorios, en un grupo de personas la vibración más alta y la más baja siempre se anularán la una a la otra. Quiere decir que si constantemente pasas el rato con alguien que te deprime, acabarás deprimida. Si la mayor parte del tiempo que estás despierta lo pasas con gente que no se toma en serio aquello en lo que crees y a lo que aspiras, hay más probabilidades de que también tú dudes de ello. Igualmente, si te rodeas de personas que piensan que todo es posible, se te contagiará.

Una vez que emprendemos el camino espiritual, vivimos en constante estado de desarrollo. Esto significa dejar atrás relaciones que un día fueron una parte sustancial de nuestra vida. En el momento, es difícil no aferrarnos a ellas. Sin embargo, cuanto más fuerte nos aferremos a personas que a nivel energético ya no coinciden con la vida que estamos llamadas a vivir, más nos desviaremos de nuestro verdadero camino y de nosotras mismas (y más se desviarán ellas del suyo).

Desapegarnos de las relaciones que ya no tienen cabida no es indicio de falta de amor, todo lo contrario. Hay veces que tenemos que soltarnos y dejar espacio para que entre gente nueva. Hay personas que entran en nuestra vida y se quedan un momento, otras un capítulo y otras la vida entera.

Si sigues tu verdadero camino, nunca te encontrarás sola,
porque estará lleno de gente que camina justo a tu lado.

ACTIVA TU LUZ

Escribe el nombre de las cinco personas con
las que más tiempo pasas en la actualidad.

1. _____
2. _____
3. _____
4. _____
5. _____

¿Se corresponden estas cinco personas con tu yo más pleno
y lo alientan?

¿Te hacen expandirte o contraerte?

¿Te hacen sentirte libre o atrapada?

¿Te inspiran o te aburren?

¿Te desafían a crecer y evolucionar?

¿Te apoyan?

¿Se alegran cuando consigues lo que quieres?

¿Tienen creencias y valores similares a los tuyos?

¿Te alientan a brillar?

¿Están en sintonía con la vida que estás creando conscientemente?

△

PREGÚNTALE A LA PARTE DE TI QUE SABE

En este instante, si tuvieras que escribir cinco posibilidades de cuál podría ser tu verdadera vocación, ¿cuáles serían?

1. _____
2. _____
3. _____
4. _____
5. _____

Rodea con un círculo la que más te entusiasme.

Si tuvieras que describir esta vocación con tres palabras, ¿cuáles serían?

1. _____
2. _____
3. _____

Si tuvieras que describirla con una palabra, ¿cuál sería?

Si tuvieras un millón de euros para gastar en tu vocación, ¿en qué lo gastarías?

△

UNOS INSTANTES DE MATERIALISMO

Si tuvieras diez mil euros para gastar en tu vocación, ¿en qué los gastarías?

Si tuvieras mil euros para gastar en tu vocación, ¿en qué los gastarías?

Su tuvieras cien euros para gastar en tu vocación, ¿en qué los gastarías?

Si no tuvieras nada de dinero pero dispusieras de todo el tiempo del mundo para dedicar a tu vocación, ¿a qué lo dedicarías?

△
EL UNIVERSO TE RECOGERÁ AL VUELO

El Universo quiere ayudarte, pero antes tienes que dar el salto.
Yo sabía desde hacía al menos un año que incuestionable y decididamente iba a dejar el trabajo publicitario para dedicarme a mi vocación. No me sentía preparada y todo ello me daba un miedo atroz. Había pasado noches y noches sin dormir intentando idear cómo ganaría lo suficiente para vivir y cómo podía salir del armario espiritual sin parecerles demasiado trastornada a mis colegas, que nunca habían visto al completo a la Rebecca hexadimensional. No es que con ellos no fuera yo; simplemente refrenaba algunas partes de mí.

Como debía comunicar la baja voluntaria en la empresa con tres meses de antelación, sabía que tendría que dejar el trabajo primero y luego encontrar un trabajo de media jornada cuando se acercara la fecha. Tras un par de intentos fallidos (es decir, acobardándome), decidí echarle valor y contárselo a mi jefe.

Respiré hondo, empecé a hablar conscientemente de corazón a corazón y le di la noticia. Para mi sorpresa, cinco minutos después salía de su despacho con una gigantesca sonrisa de oreja a oreja. Sin saber bien cómo, intentando seguir la llamada de mi alma había conseguido una reducción de la jornada laboral a tres días a la semana, un aumento de sueldo y un ascenso.

Y por si fuera poco, se me animó además a incorporar al trabajo eso que me apasionaba y tal vez dar alguna charla sobre creatividad y *marketing* metafísico combinados. Así que básicamente iba a ganar más por trabajar menos y dedicar más tiempo a lo que me apasionaba. Tenlo por seguro, el Universo te respalda. Quiere ayudarte. Solo tenemos que saltar, para que nos recoja al vuelo. Una vez en tierra, nuestra vida puede empezar a ser una corriente única y caudalosa.

ACTIVA TU LUZ

Si tuvieras la certeza de que el Universo vela por ti,
¿en qué actuarías de manera distinta?

△

EMPIEZA ANTES DE ESTAR PREPARADA

El para siempre está hecho de ahoras.

EMILY DICKINSON

L o curioso de seguir nuestra vocación es que rara vez depende de nosotras dar el salto a lo que nos es un poco (o, las más de las veces, muy) desconocido. Da pavor ver el abismo que nos separa del sitio donde anhelamos estar, y es raro sentirse preparada para saltar al otro lado.

Yo sabía desde hacía tiempo que quería impartir talleres, pero me moría de miedo cuando pensaba en hacerlo. No tenía ni idea de por dónde empezar y me aterraba hasta tal punto ser una inepta que no le hablé de ello a nadie. Recé por que me llegara una señal, y al día siguiente recibí un mensaje en Facebook de mi amigo Krish en el que me pedía que me hiciera cargo de los talleres de intuición que pensaba impartir en Londres. Acepté y me puso en el aprieto de guiar al grupo en una meditación. Estaba nerviosa y salió como salió. Me sentía un poco incómoda impartiendo sus talleres, pero era justo el empujón que necesitaba para plantearme en serio hacer algo por mi cuenta.

Un par de noches después cenaba en casa de mi amiga Robyn. Al cabo de un delicioso pollo asado y un par de copas de vino, hablamos de la posibilidad de organizar talleres en Londres una vez al mes. Las dos nos moríamos de ganas de formar parte de una comunidad de gente auténtica y afín a nosotras, así que ¡por qué no crear una!

Al día siguiente, nos encontrábamos las dos en un taller de creatividad que impartía Julia Cameron. Hablaba de la relación entre intuición y creatividad (uno de mis temas favoritos) y mencionó a mi mentora y profesora Sonia Choquette, que daba la coincidencia de que era amiga suya.

Al avanzar el día, algunos de los asistentes le pidieron a Julia que recomendara talleres para desarrollar la intuición. Robyn y yo nos pasamos el día dándonos discretos codazos.

A la hora de la comida decidimos que era un buen momento para anunciar nuestros talleres. Así que le escribimos una nota rápida a Julia en la que decíamos que organizábamos talleres sobre intuición y creatividad. Ella la leyó en voz alta y aquel día se inscribieron sesenta personas. ¡Aquello era ya una realidad! (Una realidad que nadie tenía ni idea de que acababa de nacer ¡ese mismo día!).

Impartimos nuestro primer taller juntas un mes después. Ese taller llevó al segundo, que dio lugar a la creación de una compañía llamada *The Spirited Project*, que empezó organizando sesiones mensuales que poco después pasaron a ser dominicales, que más tarde comenzó también a coordinar círculos de meditación, y que actualmente organiza eventos internacionales en Gran Bretaña y Australia, y ahora tenemos planeados varios más para Asia y Estados Unidos.

Lo que empezó siendo un miedo atroz se tornó en una creación magnífica, y mucha risa y diversión también. Durante el primer taller, estaba tan nerviosa y tan pendiente de lo que la gente pudiera pensar de mí que acabé entorpeciendo yo misma la transmisión del mensaje. Pero cada vez que impartía un nuevo taller lo hacía con más seguridad. Cuanta más seguridad tenía, más disfrutaba. Ahora me encanta enseñar meditación y guiarla; ¡gracias a Dios que me lancé antes de sentir que estaba preparada y luego tuve el valor de perseverar!

Si estás llamada a hacer algo, no dejes que un pequeño detalle como sentir que no estás preparada te impida hacerlo.

Nadie se siente preparado la primera vez que hace algo. Hay quien no se siente preparado ni siquiera las cien primeras veces que hace algo. Dice Malcolm Gladwell que «hacen falta diez mil horas para ser un especialista en lo que sea».

El truco está en pasarte esas «diez mil horas» haciendo lo que te sientas llamada a hacer, en lugar de hacerte una experta en algo que no te importa lo más mínimo. Sea lo que sea a lo que la vida te esté llamando, si te lo tomas en serio y perseveras, para cuando quieras darte cuenta estarás disfrutando como nunca.

ACTIVA TU LUZ

¿A qué te está llamando la vida, para lo que no te sientes preparada?

¿A qué estarías encantada de dedicarle diez mil horas de tu vida?

$\triangle$

LÁNZATE DE CABEZA

Si tienes una pasión, un sueño, un objetivo, algo hacia lo que quieras dar un paso, pero todavía sigues sentada mirándolo de lejos... No pierdas los nervios pensando en la distancia que te separa de ello. No esperes a que nadie te dé permiso. No metas solo la punta del pie. ¡Lánzate de cabeza!

Quedarte fuera mirando adentro, con la cara aplastada en el cristal, es una tortura. Es también un desperdicio de los dones que se te han dado. Si algo te apasiona lo suficiente como para mirarlo desde detrás de la ventana, te entusiasmará todavía más cuando estés dentro y seas la protagonista. Para eso naciste. Ese es tu sitio.

Empieza por hacer a diario pequeñas cosas que te vayan acercando paso a paso a ser parte de la acción. Llena tus entradas de Twitter, Instagram y Facebook de gente que ya esté viviendo en ese mundo. Únete a una comunidad en Internet o busca a alguien que comparta tu misma pasión y queda con él o con ella en persona. Concéntrate de verdad en lo que quieres. Empieza a contarle a la gente con la que te relacionas lo que estás haciendo, sin importar cuál pienses que puede ser su reacción. No te quedes colgando del borde. Lánzate de cabeza.

ACTIVA TU LUZ
¿Qué puedes hacer ahora mismo para lanzarte?

A TODOS LOS DEMÁS
LES PARECIÓ
UN ÚNICO SALTO.
PERO EN REALIDAD
ERAN CIENTOS DE
PASITOS DIMINUTOS.

△

HAZ UNA COSA TODOS LOS DÍAS

Si todos los días haces una sola cosa para responder a tu vocación...

En un año habrás hecho trescientas sesenta y cinco cosas.

En dos años habrás hecho setecientas treinta.

En cinco años habrás hecho mil ochocientas veinticinco.

En diez años habrás hecho tres mil seiscientas cinco.

En veinte años habrás hecho siete mil trescientas.

En cincuenta años habrás hecho
dieciocho mil doscientas cincuenta cosas.

Empieza antes de sentirte preparada.
No necesitas saber lo que ocurrirá a continuación.
Irás ingeniándotelas sobre la marcha.

△

SOLO TIENES QUE BAILAR *ULTRARRÁPIDO*

Si esperas a sentirte preparada, no actuarás nunca. Nadie que haya hecho algo digno de mención a lo largo de la historia esperó a que todo estuviera planeado hasta el último detalle y a tener la garantía de que iría viento en popa. Ese momento sencillamente no existe.

En 2011, acababa de lograr el objetivo de ser directora creativa, y un mes después emprendía viaje a San Francisco, donde iba a trabajar con dos creativos aterradoramente expertos y de tremendo talento (a los que admiraba muchísimo)... y el trabajo lo iba a dirigir yo. Muy lejos de moverme como pez en el agua, intentaba conservar la calma mientras en la cabeza, como Mike Myers en *El mundo de Wayne*, me postraba una y otra vez repitiendo: «No soy digna, no soy digna».

La última noche que pasé allí quedé con mi antiguo jefe. Había cambiado Australia por Silicon Valley, donde trabajaba para Apple. Me preguntó qué tal me iba y le confesé: «No tengo ni idea de lo que estoy haciendo y todo el tiempo siento que soy una impostora».

Se rio y me dio la mejor enseñanza profesional que nunca me han dado. Me dijo: «Mira, Bec, prácticamente todos los días cuando aparco el coche en Apple tengo miedo. Pero luego recuerdo que son el miedo y los retos lo que hace extraordinaria a la gente. Nadie que hace algo por primera vez sabe lo que está haciendo. Se las va ingeniando sobre la marcha».

Oírle decir a él aquellas palabras era justo lo que necesitaba. En un instante, me sirvieron para comprender que no era la única que tenía la sensación de no saber lo que hacía y que lo que hacemos todos es ir ingeniándonoslas sobre la marcha. Incluso las personas a las que más admiro... o, de hecho, en especial las personas a las que más admiro.

ACTIVA TU LUZ

Haz como que tienes ochenta y ocho años. Desde tus ochenta y ocho años, escríbele una carta a tu yo actual.

¿En qué dirección quieres que vaya,

qué quieres que intente,

a qué quieres que se lance de cabeza?

VIVE TU VIDA
AL RITMO
DE LOS PASOS DE
BAILE DE BEYONCÉ.

△
NO TENGAS LA VISTA PUESTA EN EL DESENLACE

No tengas la vista puesta en el desenlace. Tu misión es averiguar qué. La del Universo es averiguar cómo.

No te preocupes por cómo va a resultar, solo zambúllete, y hazlo con todo el amor y la pasión de que seas capaz.

Muy pronto, el Universo te sorprenderá con un resultado que superará con creces hasta lo más fantástico que la mente hubiera podido imaginar. Pero antes necesitas ponerte a trabajar en serio y disolverte en el hacer.

Cuando te disuelves en el hacer, invitas a Dios a entrar.

△

PRESÉNTATE Y BRILLA

Desde el momento en que tuve por primera vez en las manos un libro de la editorial Hay House supe que quería ser escritora, pero me parecía un sueño tan inalcanzable que lo mantuve escondido más de quince años. Año tras año el alma me llamaba cada vez más alto. Al final se volvió agotador tener que anestesiar el desasosiego continuamente, así que claudiqué y sencillamente empecé a escribir.

Me entregué en cuerpo y alma a formular la propuesta para el libro que quería escribir, la envié a Hay House acompañada de un millón de oraciones y esperé a recibir respuesta. Pero estaba tan obsesionada con el objetivo final, con que me lo publicaran, que me quedé paralizada y dejé por completo de escribir. Porque no escribía para mí, ¿entiendes?, escribía para que un editor me diera el visto bueno. Obsesionarme con lograr el objetivo en el mundo exterior me sofocó la creatividad, la capacidad de escribir con autenticidad y de expresar mi mensaje. En lugar de empezar a escribir el libro sin pensar a manos de quién llegaría, me quedé congelada en el tiempo esperando oír el veredicto.

Sonia, mi mentora, me dijo: «Lo que te pasa, Rebecca, es que estás esperando a que alguien te dé su aprobación y permiso para comunicar lo que quieres decir. Estás esperando a que te inviten a una mesa invisible, a un club imaginario. No hay ninguna mesa, ningún club. La única aprobación que necesitas es la tuya. Deja de pensar que el mensaje que quieres transmitir no es relevante hasta que alguien diga que sí lo es. Deja de pensar que tu mensaje no es relevante hasta que alguien considere lo contrario. Es relevante. Tienes que contarlo. Deja ya de contenerte.

Las lágrimas me empezaron a rodar por las mejillas cuando me di cuenta de que había estado conteniéndome, esperando no sé qué clase de autorización externa para poner de manifiesto mi talento. Quería recibir la aprobación de una autoridad exterior que ni siquiera existía. En el avión de vuelta a Londres, hice un pacto conmigo. Iba a dejar de obsesionarme con que me publicaran el libro y me iba a centrar en revelar mi auténtico ser cada día en la tarea de escribir.

A fin de cuentas, me encanta escribir; es lo que me conecta con mi luz y me da alas... ¿Por qué esperar a que ocurriera nada, para hacer lo que me conecta con mi luz y me da alas? Juré que me importaría un pepino lo que otros pensaran de mis creaciones. Si a la gente no le gustaban, ¡qué se le va a hacer!, significaría que no estoy hecha para esa gente y esa gente no está hecha para mí. Por tanto me comprometí a dejar que las palabras fluyeran a través de mí como había ocurrido siempre sin saber a dónde me llevarían. A pesar del miedo. Sobre todo por el miedo.

Así que he decidido que no es asunto mío quién lee lo que escribo; mi única responsabilidad es presentarme y escribir. No es asunto mío si Hay House publica este libro. Hay House es un camino, otra editorial es otro camino y publicarlo por mi cuenta es otro. Lo único que sé es que si no me hago cargo de mi don y escribo, me sentiré incómoda dentro de mi piel, y la sensación de desasosiego y el malestar no cejarán nunca.

Escribir es la manera que tengo de desentrañar los pensamientos. No es de mi incumbencia si este libro es un éxito de ventas o si solo hay una persona que lo lee. Solo es de mi incumbencia estar presente e irradiar mi luz. De manera que mi antigua afirmación: «Soy autora de un éxito de ventas publicado por Hay House» ha cambiado a: «Me presento e irradio mi luz hasta donde Dios considere oportuno».

Este pequeño giro lo ha cambiado todo. Desde entonces escribir ha sido la experiencia más plena de mi vida. No puedo esperar a levantarme cada mañana, encender el Mac y dejar cantar al alma.

No importa hasta dónde alcance el brillo
de nuestra luz, solo que la hagamos brillar.

Escribir es lo que me llena y (como ocurre con la meditación) soy sin lugar a dudas una persona mucho más agradable cuando me siento a la mesa y lo hago.

Si tienes algo que de verdad quieres expresar, no esperes a que nadie te dé permiso para hacerlo. Atrévete a seguir tu más alta vocación. Deja que el mensaje que guarda tu corazón mane a raudales. Cuando dedicas la vida a aquello que te llena y expresas el mensaje que llevas dentro, el Universo no puede resistirse a ayudarte. No necesitas saber cómo, solo confiar en que lo hará.

¡Oh... Dios... míoooooo!

Según tecleaba las últimas frases del último párrafo, ha sonado el teléfono. He estado a punto de no contestar porque me estaba dando muchísimo gusto escribir y que las palabras fluyeran en cascada. Al final he descolgado el teléfono, y me he quedado muda al saber que era Michelle de la mismísima Hay House la que estaba al otro lado del hilo... ofreciéndome un contrato para el libro... ¡Jesús de mi corazón y María Magdalena!

Todavía estoy pellizcándome. Ha sido una lección de humildad para la que no tengo palabras y estoy haciendo cuanto puedo por aceptar el asombroso apoyo que el Universo me tiene reservado (y nos tiene reservado a todos nosotros).

Tienes un don especial que expresar. Tienes un mensaje que contar. No estarías leyendo este libro si no fuera así. No te preocupes por el cómo. Basta con que te presentes ante ese don cada día y te disuelvas en el hacer. Créeme, el Universo conspirará para apoyarte. Estoy segura.

ACTIVA TU LUZ
¿Cómo puedes revelar tu don y brillar independientemente
de cuál sea el desenlace?

△

ESTÁS PREPARADA

Estás preparada.
Eso que estás llamada a hacer,
hazlo.
A ese lugar al que estás llamada a ir,
ve.
Esas palabras que te mueres de ganas de decir,
dilas.
Ese sueño que siempre has tenido,
vívelo.
Esa llamada que palpita en lo más profundo del alma,
responde a ella.
Eso que te hace brillar de alegría,
disuélvete en ello.
No esperes a tenerlo todo organizado al milímetro.
Hazlo ahora.
No esperes a sentirte preparada.
Solo tienes que bailar ultrarrápido.
Es el momento.
Estás preparada.
Ponte a hacerlo.

△
PERMISO CONCEDIDO

Permiso concedido. Adelante. Pasa, por favor. Arranca. Empieza. Aquí tienes la entrada. Es la hora. Hemos estado esperando. Bienvenida. Por favor, procede. Toma asiento. Ponte a hacerlo. Por favor, progresa. Avanza. Continúa. Entra. Comienza. Por aquí. Salta. Ponte en marcha. Empieza. Hazlo. Despega. Da un paso al frente. Venga. Ya va siendo hora. Por fin. ¿A qué esperas? Estás preparada. Que empiece el espectáculo.

△

MI ALMA ME LLAMA A...

Cuarta parte

VIVIR
EN LA
LUZ

Recursos prácticos para irradiar tu luz

CAMINA CON LOS PIES EN LA TIERRA, PERO EL CORAZÓN EN EL CIELO.

DON BOSCO

▲

ENCARNA LA LUZ

A los veinte años, entendía teóricamente los principios espirituales, era capaz de proponerme metas y conseguirlas en su mayoría, oía las llamadas de mi alma y estaba en contacto con mis emociones. Pero no integraba realmente nada de ello. La mente, el cuerpo, el espíritu y el alma se mantenían en compartimentos estancos, no fluían al unísono, en armonía. Como esas personas que viven en la misma casa pero nunca se ven ni se relacionan, no llevaba a la práctica de un modo disciplinado aquello en lo que creía. No vivía verdaderamente en el flujo de esas creencias. Hasta el día en que una de mis peores pesadillas se hizo realidad.

Desde aquel lejano día en que saqué de una estantería el primer libro de la editorial Hay House, Louise Hay, su fundadora, se había convertido en mi Oprah Winfrey, Madonna, Beyoncé, Stevie Nicks y Tina Turner todas en una. Ahora era el otoño de 2009 y estaba en una presentación de Hay House en Londres con mi amiga Julie-Ann Gledhill, que acababa de llegar de Singapur. Reid Tracy (director general de Hay House) y Cheryl Richardson estaban hablando con la invitada sorpresa, ¡Louise Hay en persona!

En aquella época de mi vida tenía los pies puestos en el mundo de la publicidad pero en lo más hondo sabía que tenía un mensaje que comunicar. En uno de los descansos, mientras toda la gente se arremolinaba para unirse al club «Te quiero Louise», yo intentaba dar una imagen serena y un poco autosuficiente manteniéndome al margen.

Pero, a la vez, experimentaba constantemente una especie de chorro de energía intensísimo que me subía vertiginoso por el cuerpo acompañado de una voz que salía de lo más profundo del alma y me decía: «Anda, ve donde Louise y pídele trabajo». Como no era alguien que normalmente hiciera ese tipo de cosas, me contuve.

Al día siguiente, sucedió lo mismo. Era como si me sintiera físicamente impelida hacia delante. Incapaz de resistirlo más, respiré hondo, temblando por dentro, maldiciendo a mi alma, los espíritus y los guías todos a un tiempo, y me abrí paso hacia Louise.

Cada vez que se quedaba libre, me echaba atrás y dejaba pasar a otra persona. Era como si mi alma y mi espíritu me empujaran, pero mi cuerpo y mi ego se resistían. Cuando la última persona empezó a alejarse, respiré hondo y caminé hacia Louise, pero, incapaz de controlar la energía, al acercarme a ella la empujé y literalmente la hice tambalearse. «¡DIOS MÍO, QUÉ HE HECHO!».

Después de recuperar el equilibrio, me miró fijamente a los ojos y dijo: «Ten cuidado, no agredas a la gente con tu energía».

Me quise morir. Estaba acabada. Aquello era el fin.

Hubiera querido desaparecer de la faz de la Tierra, pero volví a mi asiento y fingí que no había ocurrido nada. El resto de la tarde la escena se me reprodujo en la cabeza una y mil veces a cámara lenta...

—¿Fue de verdad tan espantoso?

—Sí, sí lo fue.

—¿De verdad he estado a punto de tirar al suelo a Louise Hay?

—Sí, así es.

Qué horror, qué espanto, qué vergüenza...

▽

Más tarde, durante la cena, le confesé a Julie lo que había pasado, luchando por contener las lágrimas de consternación. A ella le pareció lo más divertido que había oído en su vida, y a día de hoy aún sigue tomándome el pelo con ese episodio.

Da igual, te lo cuento porque el incidente marcó un antes y un después en mi viaje interior. Siempre había estado conectada con el alma y el espíritu, había recibido creatividad e intuición y percibido con claridad las llamadas de mi alma, pero nada de ello se había integrado en mi cuerpo ni se había traducido en algo tangible. Es decir, tenía una mente, un cuerpo y un espíritu muy activos, pero no hablaban entre sí. Así que cuando oía las llamadas del alma, no las encarnaba, no se traducían en acciones concretas, y cuando recibía orientación o creatividad, no siempre las dejaba fluir en mí.

Recibía todo esto de los ámbitos superiores, pero no tenía ni idea de qué hacer con ello, así que optaba por ignorarlo. Esto hacía que se acumulara en mí una cantidad inmensa de energía que necesitaba salir como fuera. No había unión entre mente, cuerpo, espíritu y alma. No era un todo armonioso ni fluía con la vida.

El simple comentario de Louise me abrió un camino enteramente nuevo consistente en encarnar el espíritu y las llamadas del ama. Antes de aquel encuentro pensaba que la conexión entre mente, cuerpo y espíritu tenía como objetivo fortalecer cada una de las partes. Lo que esta experiencia me reveló es que es imposible seguir nuestra más alta vocación sin una integración energética. Y es difícil no solo oír sino traducir en acción las llamadas del alma sin contar con los sólidos cimientos de una práctica regular disciplinada.

En este nuevo capítulo del viaje, busqué profesores espirituales que me enseñaran a aprovechar las energías sutiles pero potentes del espíritu y a anclarlas en el cuerpo. He incluido en esta sección las que a mí me resultan más útiles. Pruébalas y descubre con cuáles te sientes más identificada.

TIENE UNA **LUZ**
Y SABE
CÓMO **USARLA**.

△

PRÁCTICA ESPIRITUAL INNEGOCIABLE

No puedes oír las llamadas del alma si no sacas tiempo para escucharlas con una diaria e innegociable práctica espiritual.

No fue hasta 2012 cuando cumplí incondicionalmente con esta práctica todos los días, y fue la mejor decisión que he tomado. Este simple acto ha provocado la mayor transformación de mi vida. Asumir un compromiso con mi propia alma es como mandar un mensaje al Universo diciendo: «Esto va en serio y estoy preparada para recibir tu ayuda».

Yo solía ser una absoluta diletante. Me lanzaba a toda clase de prácticas, pero luego me sentía desbordada por todo lo que en cada una de ellas «debía» hacer. Meditación, escribir un diario, yoga, cortar lazos... Cualquier cosa que se te ocurra, la probé; y después tenía siempre la sensación de que necesitaba una vida paralela para llegar a todo. Y como no había adquirido aún el hábito de revelar mi auténtico ser cada día sin falta, cuando tenía un mal día o estaba desbordada de trabajo, la práctica espiritual era lo primero que desatendía. Pero era entonces cuando la necesitaba más que nunca.

Comprometerte con la disciplina de una práctica diaria no significa que tengas que meditar durante horas, ni tan siquiera una hora; significa simplemente presentarte a diario, sin falta. Para mi práctica básica no necesito más de veinte minutos al día, y consta de tres pasos:

1. Abastecerme de luz.
2. Una oración.
3. Cantar, bailar, o pasear en contacto con la naturaleza.

Es lo bastante sencilla (y realista) como para que, esté donde esté o en medio de lo que esté, no tenga excusa para no hacerla. Cuanto más acudo a ella, más se convierte mi vida en una gran y única práctica, en una gran y única oración en movimiento.

Cada vez que un cliente me dice que necesita un cambio en su vida, esto es siempre lo primero que le recomiendo. Tu alma está esperando a guiarte. El Universo está listo para apoyarte a cada paso del camino. Pero para conectarte con él, tienes que acudir y estar presente.

ACTIVA TU LUZ
¿Tienes actualmente una práctica espiritual
a la que no faltes ni un solo día?

CUANTO MÁS
CALLADO ESTÁS,
MEJOR
PUEDES OÍR.

RUMI

△

ABASTÉCETE DE LUZ

S onia, mi profesora, me enseñó a abastecerme. Me encantó de inmediato porque es facilísimo y se tardan solo diez minutos (lo cual, admitámoslo, es un buen tanto a su favor).

Desde el primer momento en que me abastecí, tuve un sentimiento extraordinario de volver a casa. Era una sensación tan familiar... Y lo más pasmoso: ¡tuve un recuerdo repentino de estar abasteciéndome en la cama o en una playa cuando era niña, pero sin siquiera saber lo que hacía!

Es una oración suprema de entrega, que nos hace volver a conectar con la energía universal, con la Fuente, y darnos permiso para descansar, llenarnos y recibir todos los regalos que el Universo nos tiene reservados. Abastecerte de la Fuente es una forma de meditación diaria que te hace entrar en un estado receptivo para poder:

- Oír las llamadas de tu alma.
- Recordar todos los dones que ya tienes.
- Conectarte con la fabulosa energía luminosa que está a nuestro alcance en todo momento (pero que a menudo intentamos encontrar fuera de nosotras).
- Alimentar tu luz interior y aportarle el combustible para que brille todo lo humanamente posible.

- Recibir alimento de tu yo superior.
- Dejar que la energía cósmica del Universo entre y se entregue a la fluencia de tu camino más elevado.
- Aflojar el control sobre tu vida y dejar que el alma indique el camino.

Soltarte y relajarte en el fluir del Universo.

Soy ferviente partidaria de practicar por la mañana porque dormir es una gran meditación, y al practicar nada más despertarnos sacamos el máximo partido a esa elevada frecuencia (en lugar de lanzarnos directas a por el teléfono).

La mayoría de las mañanas, camino hasta Regent's Park y me siento en la rosaleda a abastecerme. A mí me encanta abastecerme en medio de la naturaleza, pero puedes hacerlo desde cualquier sitio: tu habitación, el baño, el coche...

Si tengo programada a primera hora una sesión de lectura o una tutoría, enciendo una vela en mi altar (en la página 259 explico cómo puedes crear el tuyo); luego me siento en el banco de meditación y me abastezco. Pero también lo he hecho en aviones, trenes, autobuses, incluso en el inodoro, prácticamente en cualquier sitio que encuentre, para asegurarme de que asisto a la práctica todos los días.

Abastecerse de la Fuente es muy sencillo. Así es como se hace:

- Frótate las manos para abrir el corazón (las palmas de las manos son extensiones del chakra del corazón). Luego, lentamente, sepáralas y nota la sutil energía que has activado; esta es la conexión con la Fuente. Deja las manos en reposo, con las palmas hacia arriba, sobre el regazo, notando el sutil latido que se ha activado en el centro de cada una.
- Ahora cierra los ojos e imagina un bello torrente de luz blanca que desciende de los cielos expresamente para ti. Deja que esa luz refulgente y benéfica te llene el ser entero y te abra el corazón. Entrégale todas tus inquietudes, preocupaciones, luchas,

metas, esperanzas, sueños y cualquier oscuridad para que vuelva a llenarse de luz.

- Respira y déjate ayudar. Respira y déjate llenar hasta el borde. Respira y déjate fortalecer. Respira y déjate llevar a casa. Respira y escucha las llamadas de tu alma. Respira y déjate iluminar entera.

- No necesitas preocuparte por que la mente esté en silencio o por tener que estar horas sentada, solo tienes que abrir el corazón, respirar y recibir la maravillosa energía que te inunda y entra en ti desde los cielos.

ACTIVA TU LUZ

Si no lo has hecho todavía, descarga en www.lightisthenewblack.com la meditación gratuita para abastecerte. Pruébala durante veintiún días y observa la transformación. Y no te olvides de enviarme tus fotos de abastecimiento, utilizando la etiqueta #lightisthenewblack y etiquetándolas con @rebeccathoughts

△
BAÑO DE LUZ

Puedes volver a conectarte a la energía de la Fuente en cualquier momento dándote un ligero baño de luz —una forma ultrarrápida de conectarte y elevar tu vibración en un instante—. Como miniversión de abastecerte (mira la página 228), un baño de luz es muy útil para esos momentos en que notas que estás baja de energía o con el ánimo por los suelos y no tienes más que un minuto. Debes hacer lo siguiente:

- Frótate las manos y, al mismo tiempo, visualiza cómo el corazón se abre. Luego sepáralas lentamente y nota la sutil energía que has activado. Esta es la conexión con la Fuente. Coloca las manos en el regazo con las palmas hacia arriba (en modo receptivo).
- Cierra los ojos con suavidad e imagina una gran bola de luz que desciende de los cielos, irradiando luz a raudales solo para ti. Imagina que la luz entra en ti por la coronilla directamente hacia el corazón y las palmas de las manos.
- En el centro del corazón, visualiza una bola de luz. Mientras recibes la luz de la Fuente, imagina que esa bola de luz que hay en el corazón se hace más y más grande hasta llenar todo tu ser.
- Respira y recibe esta maravillosa e ilimitada energía luminosa. Respira y recibe, mientras te va llenando y reemplazando cualquier parcela de oscuridad con magnífica luz resplandeciente y devolviéndote al estado de sintonía con el Universo.

ACTIVA TU LUZ
Date un baño de luz.

△

LLÁMATE A VOLVER A CASA

Al ir avanzando en la vida, es posible que a consecuencia de los traumas, la ira extrema o la angustia vayamos dejando atrás algunas partes de quienes somos. Lo mismo ocurre al viajar de vida en vida. Sin embargo, tenemos capacidad para recuperar esas piezas que han quedado desperdigadas, para llamarlas a volver a casa, y esta meditación está indicada precisamente para esto:

- Cierra los ojos y dirige la atención a la respiración.
- Inspira contando hasta cuatro, retén contando hasta cuatro y espira contando hasta ocho. Repite la secuencia tres veces. Cierra los ojos y sigue inspirando y espirando muy profundamente.
- Ahora imagina un imán potentísimo en el centro del corazón. Mientras inspiras y espiras, llama a volver a casa a todas las partes de ti que has perdido por el camino. Las partes de ti que has perdido por experiencias traumáticas. Las partes de ti que has perdido por la tristeza, el dolor del alma y el más amargo desengaño. Las partes de ti que has perdido por no sentirse verdaderamente aceptadas, por sentirse menospreciadas y heridas.
- Sigue respirando mientras todas estas partes de ti se ven atraídas con suavidad de vuelta a casa.

AFIRMACIÓN

Llamo a todas las partes de mí que he perdido.
Soy casa. Soy casa. Soy casa.

△
DE VUELTA AL CENTRO

Cuando fluimos en sintonía con el Universo, nuestra energía está equilibrada. Ni la forzamos a avanzar ni la retenemos, estamos energéticamente centrados. Y cuando estamos energéticamente centrados, estamos abiertos a recibir. Mi amiga Robyn Silverton me enseñó el siguiente ejercicio, y es ideal para equilibrar la energía en un instante. Me encanta porque se realiza en menos de diez segundos y se puede llevar a cabo absolutamente en cualquier sitio.

- Ponte de pie con las plantas de los pies sobre el suelo. Respira hondo unas cuantas veces, dirige la atención a la planta de los pies y nota dónde está el peso. ¿Está en la parte delantera, en los dedos, o está en los talones?
- Si la energía está en la parte de delante, probablemente te hayas atascado en esforzarte, luchar, empujar, controlar y hacerlo todo demasiado rápido (aquí solía vivir yo). En este estado energético somos incapaces de dejar que el Universo (o quien sea) nos ayude. Vivimos controlando y dando, en lugar de permitiendo y recibiendo.
- Si el peso está en los talones, probablemente estés esperando a sentirte preparada para actuar. En este estado energético te falta el fuego para levantarte y ponerte en marcha, para que ocurran cosas, para poner de tu parte lo necesario.

- Date cuenta de dónde está la energía sin emitir ningún juicio y llévala de vuelta al centro para que esté repartida con ecuanimidad por toda la planta del pie.

AFIRMACIÓN

Todo lo que me llama está ya de camino.

Confío en que el Universo está poniendo de su parte para que así sea.

Me presento y lo recibo todo.

△

QUERIDO DIOS

Toda emoción que sientes, buena o mala, expresa la relación entre tu pensamiento actual sobre cualquier cuestión y la comprensión que tiene de ella la Fuente que vive en ti.

ABRAHAM-HICKS

Quizá tengas una relación estupenda con Dios/la Fuente/el Universo o quizá te inculcaron desde pequeña el temor a Dios/la Fuente/el Universo. Tal vez se te enseñó que el amor necesitabas ganártelo, o se te educó en el mantra de que creer en un poder superior es un poco fantasioso.

Ya tengas una fe inquebrantable o seas categóricamente no creyente, cómo nos relacionamos con Dios/la Fuente/el Universo, y las convicciones que tenemos al respecto influyen decisivamente –sobre todo aquello que no se dice– en cómo entendemos la vida y cómo vivimos.

Como ponía de manifiesto en la primera parte «Vete a la m*****, Dios» (página 51), establecer un verdadero diálogo con la Fuente es extremadamente eficaz para cuestionar las creencias que yacen en el fondo de la mente e irradiar nuestra luz en el mundo.

ACTIVA TU LUZ

Escríbele una carta a Dios. Puede ser una carta mandándole a la m*****, dándole las gracias o ser una simple nota.

Basta con que escribas «Querido Dios/Divinidad/Universo» en el encabezamiento y te permitas improvisar.

Una vez terminada, respira hondo y deja que Dios/la Divinidad/ el Universo responda.

△

IMPROVISACIÓN DE *BREAK DANCE*

Todas las personas recibimos orientación intuitiva, pero la mayoría esperamos a que esa orientación tenga lógica antes de actuar conforme a ella. El problema es que la mente, el cuerpo y el alma están desconectados.

Una forma genial de incorporar el alma es por medio del baile. El movimiento intuitivo es el acto de mover el cuerpo, como le apetezca moverse, dejando que el alma y el espíritu «te bailen». Quizá con un balanceo suave, o encogiendo y aflojando los hombros como Whoopi Goldberg y el coro de hermanas en *Una monja de cuidado*... Sea cual sea tu estilo, el simple acto de dejar que el alma te mueva sirve para lo siguiente:

- Fortalece el hemisferio cerebral derecho, que está asociado con la mente subconsciente, intuitiva y creativa.
- Le permite al cuerpo procesar las emociones y la energía que pueda haber estancadas para que seas capaz de volver a fluir, lo cual es una bendición si te sientes estancada o deprimida.
- Le permite al alma tomar las riendas del cuerpo —y restablecer las conexiones cerebrales— para que te sientas más inclinada a dejar que las llamadas del alma (la intuición) guíen de verdad tu vida.

ACTIVA TU LUZ

Móntate una fiesta para ti sola. No hace falta que dure una eternidad, una canción basta. Cierra la puerta, pon la música a todo volumen, cierra los ojos y deja que el alma te mueva el cuerpo.

Cuanto más se mueva de formas que nunca antes se ha movido, más eficaz será para que expulses viejos patrones.

△

RESPIRA

El miedo es la emoción sin aliento.

ROBERT HELLER

E s la parte más fácil y natural de la vida. Somos tantas las que a lo largo del día nos limitamos a hacer respiraciones superficiales sin que el aire nos llegue siquiera a la barriga... Párate un momento y date cuenta de cómo es tu respiración en este instante. ¿Es profunda o superficial? Inspira muy hondo y deja que el aire llegue a lo más profundo del abdomen.

Respirar hondo es tragarse la vida a bocanadas.
Respirar conscientemente es decirle al Universo:
«Estoy aquí y estoy lista para recibir».

No subestimes el potencial curativo del simple acto de respirar. Mi profesora Sonia me había hablado repetidamente de la importancia de la respiración, pero hasta el momento en que respirar era lo único que podía hacer por mí no lo entendí de verdad.

Estando en el punto álgido de la depresión, en el mismísimo fondo, acudí a una sanadora chamánica a la que ya había ido a ver varias veces desde hacía un tiempo. El pesar que sentía era tan grande que mi cuerpo sencillamente no quería respirar. Mi alma casi había claudicado. Estando allí tendida, la sanadora me dijo que inspirara. El cerebro me ordenaba que lo hiciera, pero era como si el espíritu hubiera recogido el tenderete y se hubiera largado. Tardaba unos veinte segundos en tomar aire, y era una inspiración mínima, justo el aire suficiente para sobrevivir hasta la siguiente inspiración minúscula. La verdad era que no quería continuar aquí. Estaba demasiado cansada y destrozada para seguir adelante. Había luchado con demasiada fiereza durante demasiado tiempo y no podía fingir ya más que todo iba bien. Así que nos pasamos la sesión entera intentando literalmente hacerme respirar. Poco a poco empecé a sentir que el espíritu volvía a mí. Alrededor de media hora después noté que el pecho empezaba a elevarse y al cabo de una semana permití que el aire volviera a llegarme al abdomen.

Pero no hace falta que toques fondo para notar el impacto de la respiración. Si te sientes estancada, cansada, estresada o asustada... simplemente cambia la manera de respirar. La respiración nos llena de fuerza vital y hace que todo se ponga en movimiento. Como le hace a tu casa una buena limpieza a fondo, inspirar profundamente puede transformar cualquier estancamiento o energía bloqueada.

ACTIVA TU LUZ

Con la mano en el abdomen, dedica sesenta segundos ahora mismo a prestar atención a la respiración.

¿Es lenta y profunda o rápida y superficial, o tal vez estás aguantando el aire? Nota la diferencia entre las inspiraciones y las espiraciones.

Empieza a tomar más aire; haz que llegue hasta los rincones más profundos del abdomen y que siga bajando directamente hasta los pies.

△

¿QUIÉN TE CONECTA CON TU LUZ Y TE DA ALAS?

Has trabajado muy en serio para elevar tu vibración, así que vale la pena que seas consciente en tu día a día de quién te produce una subida de energía y quién te deja agotada.

Esto no significa que solo debas relacionarte con gente que ha asumido el compromiso de elevar su frecuencia vibratoria y de potenciar el optimismo en su vida. La cuestión es que te des cuenta de quién tiene tendencia a agotarte, para que puedas salvaguardar tu energía y decidir cuánto tiempo pasar con esa persona.

¿Quién te hace sentir bien y quién te hace sentir mal?

A medida que se eleva nuestra frecuencia vibratoria y experimentamos un cambio energético, quizá veamos que queremos pasar más tiempo con gente que esté en un camino similar al nuestro. O al menos tratar de proteger nuestra energía cuando nos relacionamos con personas que nos agotan.

ACTIVA TU LUZ
¿Qué persona de tu vida te quita la energía y te deja extenuada?

¿Hay alguien en tu vida a quien tú le quites la energía,
en lugar de abastecerte desde tu interior?

△

¿CÓMO ANDAS DE ENERGÍA?

Cuanto más elevada sea tu vibración, mayor será probablemente tu sensibilidad energética. Es esencial que protejas tu energía para evitar quedarte energéticamente agotada.

A continuación te explico algunas maneras sencillas y muy efectivas de recargar y limpiar tu campo energético.

Protege tu campo energético

Es importante que protejamos nuestro campo energético para poder oír con claridad la voz de la intuición e impedir que la gente y la vida en general nos dejen sin energía vital. Puedes hacerlo imaginándote rodeada de un espacio energético protector de alrededor de un metro, que nadie puede penetrar sin tu permiso. Si necesitas más ayuda, puedes ver el vídeo «How to» en www.lightisthenewblack.com.*

Ducha de chakras

Los chakras son ruedas de energía localizadas dentro y fuera del cuerpo. Cada uno de estos centros está asociado con determinadas emociones y funciones corporales. En el vivir cotidiano, los chakras pueden bloquearse o atascarse. Una ducha de chakras es una manera sencilla de depurar la energía cada mañana mientras estás en la ducha.

---

* N. de la T.: sin traducción al castellano, por el momento.

Simplemente escanea cada uno de ellos, de uno en uno, atenta a cualquier posible bloqueo. Mientras el agua te corre por el cuerpo, imagina que limpia y purifica la energía bloqueada o estancada en cada uno de los chakras. Para terminar, invoca a la luz de la Energía Primordial para que llene cada chakra de refulgente luz blanca.

Cortar cordones

Por cordones me refiero a las conexiones energéticas invisibles entre dos personas. Ese cordón, conectado a un chakra distinto en cada persona, da la sensación de ser más una especie de anzuelo, y por lo general es controlador y manipulador. Una relación sana son dos individuos completos que se unen; por eso es importante cortar los cordones energéticos que van apareciendo a lo largo de la vida.

Al final de cada día, sintoniza con tu cuerpo y date cuenta de si hay alguien que en sentido energético esté tirando de ti. En el ojo de la mente, escanea cada chakra y detecta a qué lugar de ti está enganchado ese cordón y de qué parece estar hecho.

Podría ser un anzuelo, una cuerda, un lazo o incluso un cable de acero. Imagina que cortas el cordón con unas tijeras, u otra herramienta. Si necesitas más ayuda para hacerlo, invoca al arcángel Miguel para que con su espada de plata lo corte por ti. Para terminar, imagina una bola de luz blanca que te protege.

Una burbuja de luz

Imagina que tu cuerpo entero está protegido por una gigantesca burbuja de luz blanca resplandeciente. Es una burbuja impenetrable para todos y todo, que te protege cada día a cada paso.

Conexión a tierra

Es pura magia el momento en que experimentamos la unión total de mente, cuerpo y espíritu. Si no estamos asentadas con firmeza en la tierra y en nuestro cuerpo, nos cuesta confiar en la intuición, probablemente sintamos que la vida no nos apoya y corremos el riesgo de sumirnos demasiado tiempo en el pensamiento y no en la acción.

Conectarnos a tierra es una forma magnífica de equilibrar e integrar mente, cuerpo y espíritu. Es facilísimo y se puede hacer absolutamente en cualquier sitio.

Búscate un trozo de tierra (o si no te es posible, imagínalo) y ponte de pie en él sin zapatos ni calcetines. Siente la textura de la tierra bajo los pies. Envía cualquier posible energía bloqueada o emoción problemática a tierra a través del pie derecho. A través del pie izquierdo, permite que la frecuencia sanadora de la Tierra te envíe energía sanadora positiva y déjala fluir por todo el cuerpo.

Choca esos cinco con un árbol

Lo mismo que al conectarte a tierra, puedes transmutar la mala energía simplemente tocando un árbol. Coloca las manos sobre el tronco y pídele al árbol que te cargue por completo y te ayude a disolver cualquier energía perjudicial que puedas estar reteniendo.

Baño con sales de Epsom

Sumergirte en un baño de sales de magnesio de Epsom no es solo una forma estupenda de protegerte y limpiar tu campo energético sino que además estas sales son fabulosas para desintoxicar el cuerpo y relajar las glándulas suprarrenales. Yo me doy un baño varias veces a la semana y después me siento asombrosamente equilibrada.

NOTA: si tienes alguna afección cardíaca o estás embarazada o bajo tratamiento médico de cualquier tipo, consulta con tu médico antes de usar las sales de Epsom.

LOS FAROS
NO VAN
CORRIENDO POR
TODA UNA ISLA
BUSCANDO BARCOS
QUE SALVAR;
SE QUEDAN EN SU SITIO,
BRILLANDO.

ANNIE LAMOTT

△

SÉ LA LUZ, NO LA ELECTRICIDAD

Como trabajadora de la Luz, tu misión es «ser la luz». Ser la luz no significa convertirte en fuente de luz para los demás enchufándote a ellos en sentido energético. Ser la luz significa encender tu luz, para que puedas ser la luz, no su luz. Solo cada cual puede ser su luz. Al conectarte con tu fuente de luz, les iluminas sin esfuerzo el camino a los demás para que se conecten con la suya.

Tú no puedes ayudar ni salvar a nadie que no quiera que lo ayuden o lo salven. Si lo intentas, partiendo de la premisa de que los demás están desvalidos, en realidad les haces un flaco favor al quitarles la oportunidad de que enciendan cada uno su luz y estén ellos también en armonía con el Universo.

ACTIVA TU LUZ

¿Vas por ahí «buscando barcos que salvar» o tienes
la atención puesta simplemente en brillar como hace un faro?

ILUMINÓ
TODAS LAS
HABITACIONES.

△
SOCIALIZACIÓN SAGRADA

La manera en que interactuamos en las redes sociales contribuye a la futura conciencia del mundo. Nuestros «me gusta», lo que compartimos, las publicaciones, las fotos, las selecciones y los *tweets* son todos ellos energía que constantemente se lanza al éter, y luego se multiplica una y otra vez a la velocidad de la luz.

En todo momento, podemos elegir conscientemente qué energía aportar: las palabras no importan, pero la intención energética que hay detrás de ellas sí. Así como tus pensamientos crean tu mundo, nuestra energía colectiva crea el Mundo con mayúscula. Gracias a las redes sociales, esta energía colectiva puede expandirse ahora cada vez a mayor velocidad..., y por eso ahora importa más que nunca que estés atenta a tus pensamientos y cuides e imprimas intención a la energía que aportas.

Estate atenta a qué intención deja traslucir lo que publicas. ¿Quieres difundir tu luz, avivar la luz de alguien, o lo que dices proviene de otro lugar de ti?

Cuanta más energía física dirijamos hacia aquello que está en armonía con el Universo, más se expandirá esa vibración y ese nivel de conciencia. Así que si ves una publicación con la que te sientas identificada, dale un «me gusta» o compártela.

Lo magnífico de este período de la historia que estamos viviendo es que podemos usar el poder instantáneo e infinito de las redes sociales para compartir y difundir con más facilidad y eficacia nuestros mensajes. Aunque utilices las redes sociales para asuntos personales o laborales, el poder de difusión es el mismo.

ACTIVA TU LUZ

Dale una dimensión sagrada a tu actividad en las redes sociales imprimiendo intención a lo que publicas.

△

ELIGE UN PENSAMIENTO MÁS ELEVADO

Todas tenemos días malos y a veces pasan cosas que son un auténtico fastidio. No puedes cambiar la situación, pero puedes cambiar la forma en que piensas en ella.

Lo peor que puedes hacer cuando ves que te has instalado en una actitud negativa es reprenderte por esa negatividad –¡cuando deberías «ser la luz»!–. Somos humanos, las emociones humanas son lo normal.

Permítete sentir lo que necesites sentir, y luego, cuando estés lista, elige un pensamiento más elevado. Da igual que solo sea un poquitín más elevado.

Es mejor dar pasitos diminutos que no moverse en absoluto.

ACTIVA TU LUZ

La próxima vez que te invadan los sentimientos negativos, identifícalos, respira y elige un pensamiento más elevado.

△

CREAR UN TABLERO DE VIBRACIÓN

Para atraer algo a nuestra vida, es necesario que nuestra vibración se corresponda con la suya. Si seguimos contemplándolo como algo que queremos «en el futuro», ese algo permanecerá para siempre «en el futuro».

He utilizado los «tableros de visión» con bastante éxito, pero siempre había algo con lo que no conseguía establecer una correspondencia vibratoria. Un día tuve una idea, que fue combinar lo siguiente:

· Aquello que invitamos a nuestra vida (lo que queremos).
· Aquello que ya hemos invitado a nuestra vida (lo que ya hemos atraído).
· Aquello que nos da auténtica alegría y hace vibrar nuestra luz (lo que nos apasiona).

Cuando alineamos aquello que deseamos que llegue a nuestra vida con lo que ya hay en ella actualmente, el cerebro no es capaz de distinguir entre lo uno y lo otro y por tanto es mucho más fácil establecer una correspondencia vibratoria con lo que deseamos y atraerlo más deprisa.

Lo llamo «tablero de vibración». Es un tablero de visión + un tablero de auténtico bienestar actual.

Así, al lado del descapotable, la casa de la playa, la afirmación «Irradio mi luz hasta donde el Universo considere» y conocer a Oprah Winfrey (por supuesto), tengo fotografías de las personas a las que más quiero, fotografías mías con mis profesoras, artículos que he escrito y una carta de amor de mi novio. Es decir, los momentos actuales de auténtico bienestar están mezclados con las manifestaciones de mi yo en el futuro.

ACTIVA TU LUZ

Crea un tablero de vibración con todo aquello que quieres atraer a tu vida, lo que ya has atraído ¡y lo que ahora hace vibrar tu luz!

HAZ DE TU VIDA UNA ORACIÓN EN MOVIMIENTO

Nunca he sido muy dada a las formalidades de ir a la iglesia, pero desde niña he sabido con absoluta certeza que Dios existe. No hablo de un hombre muy grande que vive en las nubes, sino de una presencia desconocida que nos conecta a todos.

Mi madre me enseñó a rezar cuando era muy pequeña, y lo he hecho desde entonces. Nunca supe en realidad a quién rezaba, pero siempre tuve la sensación de que alguien o algo me oía. El acto de apelar a esa presencia y conectarme de corazón a corazón con el Universo me hacía sentirme confortada y conectada con la vida en sí. Tenía un cuerpo aquí en la Tierra, pero un corazón que estaba siempre en el cielo, y rezar me servía siempre de recordatorio.

Oración y meditación son inseparables. Si quieres pedir algo, reza. Si quieres escuchar la respuesta, medita. Ha habido épocas en mi vida en que la práctica de la oración y la meditación se ha disipado. Al mirar atrás, han sido las épocas en las que me he sentido más aislada y sola en el mundo.

Hoy en día elijo mantener viva la conversación (preguntar y escuchar) todo el tiempo, así que mi vida es una gran oración en movimiento.

No hace falta que te pongas de rodillas para rezar; puedes hacerlo mientras andas por la calle, friegas los platos, te limas las uñas, haces una presentación o montas en bici. Puede ser una simple charla, una súplica de ayuda, una expresión de gratitud, una petición de consejo o una solicitud de lo que te gustaría experimentar a continuación. Rezar no tiene por qué ser recitar palabras en voz alta. Puede ser pensamientos y deseos, gritos y silencio, confesiones y peticiones, gratitud y asombro. Es simplemente apelar a algo que trasciende nuestro yo humano individual.

En su libro *Help, Thanks, Wow*, Annie Lamott habla de tres tipos principales de oración:

1. **Ayuda (*Help*):** cuando nos postramos de rodillas y admitimos que necesitamos ayuda.
2. **Gracias (*Thanks*):** un momento de gratitud en el que recibimos ayuda y nos damos cuenta de que nuestras oraciones han sido escuchadas.
3. **¡Hala! (*Wow*):** cuando la milagrosa belleza de la vida nos deja sin habla.

Cuando hacemos de la vida una gran oración en movimiento, entramos en un espacio de constante conexión. Es una oración sin principio ni fin. Estamos en continua comunión con la propia vida.

ACTIVA TU LUZ

Crea tu práctica de oración y haz de tu vida una conversación en movimiento con algo que trasciende tu yo humano individual.

$\triangle$

TUS ESPÍRITUS GUÍA ESTÁN A LA ESPERA

Tienes un equipo de espíritus guía que están a la espera para ayudarte. El único problema es que no te pueden ayudar a menos que tú se lo pidas. Puedes hacerlo en un instante. Puedes hacerlo ahora mismo.

Los espíritus guía son seres de la sexta dimensión y otras dimensiones superiores, y están dedicados por completo a tu evolución. Muchos han pasado vidas aquí en la Tierra y, exactamente igual que tú, tienen cada uno su ecléctico repertorio de dones, sabiduría y experiencias. Han sido elegidos con mucho cuidado expresamente para ti. Están en perfecta sintonía con tu vocación más elevada y su única labor es apoyarte y guiarte tanto o tan poco como tú desees.

Al hacer lecturas del alma, he visto que la mayoría tenemos aproximadamente seis guías en nuestro círculo más íntimo e invitamos a nuevos guías a medida que los necesitamos.

Nacemos con espíritus guía y podemos reclutarlos también a lo largo de nuestra vida. Pueden ayudarte a lo que sea, tanto a encontrar un sitio para aparcar como a sanarte el corazón, tanto a sentir más alegría como a encontrar el trabajo hecho a tu medida, tanto a conocer a tu futura pareja como a atravesar tu hora más oscura. No hay petición demasiado grande ni demasiado pequeña, demasiado concreta ni demasiado abstracta.

Si tienes entre manos una tarea creativa, por ejemplo, quizá quieras reclutar a un espíritu guía que haya escrito libros durante su vida en la Tierra. Si estás atravesando un momento particularmente difícil, podrías apelar a un sabio maestro guía para que te ayude a superarlo.

Estuve trabajando con mis espíritus guía sin mucha convicción durante años y la verdad es que pasé mucho tiempo esperando a percibir con total certeza su presencia antes de tomarlos en serio. Quería tener una relación personal con ellos, verlos y sentirlos como si se tratara de una amiga o un familiar. Quería saber qué edad tenían, qué pasado, qué personalidad y color de pelo. Quería que se presentaran de improviso a cenar y tomarme con ellos una botella de vino.

Tenía corazonadas y de tarde en tarde una visión en el ojo de la mente, pero las desechaba casi de inmediato diciéndome que no disponía de pruebas. Cuando se lo confesé a mi profesora hace un par de años, me guio a una meditación en la que aceptaba estar abierta a experimentar su existencia sin ninguna expectativa. Para mi sorpresa, al desprenderme de la idea que tenía de cómo debía ser la experiencia, cada uno de mis espíritus guía vino a mí.

Uno es una mujer llamada Charlotte. Es una dama inconfundiblemente inglesa de la alta sociedad que vivió en los años veinte y está conmigo para ayudarme a hacer llegar mi mensaje y mi nombre a los círculos precisos; una ingeniosa cotilla que era el perejil de las salsas más influyentes.

Sabiendo que me vendría bien un poco de publicidad para tener más oportunidades de que Hay House me publicara el libro, le pedí ayuda a mi espíritu guía Charlotte. Ese mismo día misteriosamente establecí conexión con una periodista llamada Anita Chaudhuri. Una semana después aterrizaba sobre el escritorio de Anita un artículo titulado «Espiritualidad británica» para la *Sunday Times Style Magazine* (en la que casualmente aparecían también varias autoras y autores de Hay House). Tres días más tarde publicó otro reportaje en la revista *Psychologies*. Anita me entrevistó para las dos.

Cuando me reuní con el equipo de Hay House por primera vez, me preguntaron cómo se llamaba mi publicista. Sin pensarlo, respondí: «Mi espíritu guía Charlotte».

Todos los que estaban sentados alrededor de la mesa soltaron una carcajada. Me he sentado a muchas mesas de juntas en mi vida, pero aquella era la primera en la que había podido mencionar a mis espíritus guía. ¡¿No es increíble?!

ACTIVA TU LUZ

¿Quieres conocer a tus espíritus guía? Descarga la meditación guiada en www.lightisthenewblack.com.*

---

* N. de la T.: sin traducción al castellano, por el momento.

△

INVIERTE EN EL DESARROLLO DE TU ALMA

Tu alma es tu bien más valioso. Puedes perderlo todo en un segundo, pero nadie puede arrebatarte el desarrollo de tu alma. Los mayores regalos que le puedes hacer al mundo son tu luz, tu amor y tu conciencia (para mí son los tres una misma cosa). Estás aquí para crecer como alma y, al hacerlo, ayudar a que crezca la conciencia del planeta. Cuando te expandes, se expande también el Universo. Por tanto, cada vez que inviertes en tu expansión, inviertes también en la expansión del Universo. A mi modo de ver, cualquier cosa que pueda acercarte a tu potencial, a tu espíritu, a tu verdadera esencia tiene un valor inestimable.

Yo he invertido cantidades ingentes de dinero, tiempo y esfuerzo en el desarrollo personal de mi alma. Libros, cursos, sanaciones, formación, retiros, viajes, peregrinajes, mentores, *coaches*, chamanes, discos, páginas web, tomar decisiones difíciles, dar saltos de fe y más. Pero ¿sabes qué? Cada vez que he invertido en el desarrollo de mi alma, he recibido de vuelta la cantidad invertida y diez veces más.

ACTIVA TU LUZ

¿Se te está llamando a invertir más en el desarrollo de tu alma?

¿De qué manera?

△

FORMA TU EQUIPO DE APOYO

Somos animales gregarios, no estamos hechos para resolverlo todo solos. Necesitamos un equipo de apoyo, personas que nos respalden pase lo que pase y nos animen incondicionalmente. Esas son las personas que se alegran de verdad cuando todo te va bien. Y lo pasan mal cuando las cosas no salen como esperabas. Apoyan tu visión y cuidan de que mantengas el rumbo. Están contigo, a una llamada de teléfono o un vuelo de distancia, listas para cubrirte las espaldas.

El espacio que te rodea es sagrado; trátalo como tal. Si todavía no has empezado, comienza a formar tu equipo de apoyo. A quién contrates es cosa tuya, pero las especificaciones del perfil que buscas son las más importantes que vayas a escribir en tu vida.

Las personas más fascinantes de la historia han tenido todas su equipo: Jesús y sus discípulos, Obama y la Casa Blanca, Kylie Minogue y su grupo de bailarines sexis...

Puede estar formado por amigas y familiares, profesores y sanadores, médiums y chamanes, vecinas, colegas y mascotas, no importa el número. Lo que importa es que te sirvan de apoyo y que, llueva o haga sol, estén a tu lado para animarte.

ACTIVA TU LUZ
Forma tu equipo de apoyo. Escribe el nombre de entre cinco y diez personas que apoyen tus sueños incondicionalmente. Si no se te ocurren tantas, manda una instancia al Universo pidiendo que empiece a enviártelas hoy mismo.

△

CÓMO CREAR UN ALTAR

Crear un altar en tu casa es un medio muy efectivo para anclar tus energías espirituales al plano físico. Un espacio sagrado decorado con todo aquello que te hace sentirte conectada. Considéralo un pequeño rincón del mundo al que puedes acudir a anhelar, soñar, desear, rezar, meditar, contemplar y pedirle apoyo al Universo. Este es el modo de crearlo:

- Empieza por elegir un sitio para el altar. Si vives con más gente y te resulta difícil encontrar un espacio privado, puedes optar por un altar portátil que conste solo de una vela y un objeto que sea especial para ti, quizá un cristal de cuarzo, y colocarlo en la mesilla de noche. Puedes montar el altar en el alféizar de una ventana o hacer que ocupe todo un rincón de una habitación. El tamaño no importa, importa la intención.

- Selecciona objetos sagrados que te hagan sentirte conectada y llena de luz. Piensa en lo que quieres atraer a ti. Podrías elegir una vela, una imagen de un dios, diosa o gurú que tenga significado para ti; incienso; flores frescas; un amuleto; cartas de ángeles; algún objeto de arte; recortes de revistas; plumas; un corcho de champán; una foto de una persona querida... No hay normas. Elige lo que quiera que le haga sentirse bien a tu alma.

- Tu altar es un lugar al que puedes ir a rezar, a meditar, a pedir ayuda y a concretar tus intenciones para el día. Quizá quieras encender una vela y rezar una oración, como por ejemplo «Por favor, úsame» (ve a la página 275) después de abastecerte de la Fuente (página 228).

- El altar es un portal energético para que te comuniques con el Universo, así que es importante que lo mantengas limpio y arreglado. Tal vez quieras reemplazar algunos objetos de cuando en cuando o incluso colocar una flor fresca todas las semanas para que haya siempre una energía limpia y sagrada. No pienses demasiado; déjate llevar por lo que te dé una buena sensación.

ACTIVA TU LUZ

Hazte un altar. Si ya lo tienes, publica tus fotos utilizando #LightIsTheNewBlack.

△

DEJA ESPACIO PARA LA GRACIA

Si tenemos la vida repleta hasta el borde, no hay espacio para que entre lo nuevo. Si tu vida está abarrotada, el Universo no tiene dónde colocar lo que pides en tus oraciones.

Hacer con regularidad una limpieza física de tu vida te puede ayudar a desprenderte de aquello que ya no te sirve y dejar sitio para lo nuevo. Al tiempo que te deshaces de cajas viejas del pasado, te desprendes también de viejos patrones de pensamiento y miedos.

Cuando nos aferramos con uñas y dientes a los objetos que nos rodean, estamos tan ocupadas pendientes de ellos que no somos capaces de recoger aquello que viene directa y expresamente en nuestra dirección.

Desprenderse de lo que ya no resulta útil y dejar un poco de espacio abierto de par en par da miedo, y por eso no lo hace todo el mundo.

Tú no eres como todo el mundo. Tú eres valiente.

Y diría que hay algo de lo que sabes que puedes desprenderte para hacerle sitio a algo todavía mejor que te mereces de verdad.

ACTIVA TU LUZ
Si no tuvieras miedo de que algo no lo reemplace,
¿de qué te desprenderías?

△

MI ALMA ME LLAMA A...

Quinta parte

SÉ
LA
LUZ

Sirve al mundo siendo tú

VIAJA LIGERA,
VIVE LIGERA LA LUZ,
EXPANDE LA LUZ,
SÉ LA LUZ.

YOGUI BHAJAN

△

TU LUZ SE NECESITA AQUÍ

No subestimes el poder que tiene tu luz para provocar cambios en el mundo. Tu luz brilla en todo su fulgor cuando con valentía subes un escalón y entras en tu yo más expansivo y auténtico. Nunca sabrás cuál es la verdadera magnitud de tu impacto, pero créeme si te digo que será mayor de lo que jamás podrías llegar a imaginar. Tu luz se necesita aquí.

△
TÚ HAZ DE TÚ

No pierdas el tiempo esforzándote por ser la persona que anhelas ser, pasa el tiempo siendo la persona que ya eres. La persona que anhelas ser está ya dentro de ti.

Tú haz de TÚ.

Supongamos que anhelas ser escritora. Si anhelas ser escritora, significa que ya lo eres. No necesitas que alguien llegue y te confirme que es verdad, te conceda un deseo o te dé su aprobación. Es quien eres. Ya, ahora mismo.

Tú haz de TÚ.

Cuando nos dedicamos a ser quienes ya somos, el hacer acaba siendo una consecuencia del ser. Si eres cantante, sé cantante sin pensar en cuál será el resultado. Es quien eres. No necesitas hacer nada para un día llegar a serlo. Esa cantante está en ti. Quiere cantar ahora.

Tú haz de TÚ.

No es de tu incumbencia cuánta gente lee tus libros, descarga tus canciones o elogia tu último diseño, o compra tus obras de arte, disfruta con tu página o retuitea tu *tweet*. De tu incumbencia es cumplir con lo que te alegra el corazón y te ilumina por dentro, con lo que te hace sentirte viva, con lo que hace brillar tu luz en todo su esplendor. Deja de pensar en el resultado. De todos modos, no es de tu incumbencia.

Tú haz de TÚ.

Es de lo más fantástico poner toda la atención únicamente en ser, y hacer a partir de ahí. Toda ansiedad por el resultado desaparece por arte de magia y sucede algo muy especial... Cuando te das permiso para simplemente ser, el Universo no puede resistirse a apoyarte.

Tú haz de TÚ.

Así que ve y sé TÚ, sean cuales sean las consecuencias. Ve y haz todo eso que te apasiona, sin importar cómo piense nadie que eres. Sin calentarte la cabeza con lo que dirán.

Tú haz de TÚ.

Ya eres todo lo que luchas por ser. Y cuanto más te comprometes con quien ya eres, más llena te sientes. Cuanto más llena te sientes, más TÚ eres. Cuanto más TÚ eres, más brillas para todos los que te rodean.

Tú haz de TÚ.

EL MUNDO TE NECESITA

Si te entregas a lo que te apasiona, y lo haces de la manera en que solo tú lo puedes hacer, servirás al mundo siendo tú. Si te pasas la vida intentando parecerte a alguien, estarás reprimiendo las cualidades irrepetibles que solo tú puedes aportar.

En el discurso de graduación que dio en Dartmouth, Shonda Rhimes (creadora de la serie *Anatomía de Grey* y mi guionista televisiva favorita de todos los tiempos) contó que cuando se licenció en aquella universidad su sueño era SER la premio Nobel de Literatura Toni Morrison. Con el tiempo, se dio cuenta de que aquel papel ya se lo habían dado a otra y sin duda el mundo no necesitaba una segunda Toni Morrison. El único papel disponible para representar era el de Shonda Rhimes. Así que se dedicó a hacer lo que le alegraba el corazón y la iluminaba por dentro, se matriculó en la escuela de cine y escribió relatos de una manera que solo ella sabía.

Muchos años y Globos de Oro después, en una de esas gloriosas ocasiones en que el círculo se cierra, Shonda se encontró sentada frente a Toni Morrison en una cena. Y lo único de lo que su ídolo quería hablar era sobre qué iba a pasar a continuación en *Anatomía de Grey*... ¡ME ENCANTA!

Shonda lo explicó de maravilla cuando dijo: «Nunca habría ocurrido si no hubiera dejado de soñar con llegar a ser ella [Toni Morrison] para ocuparme en empezar a ser yo».

Su sueño no se hizo realidad. La realidad fue todavía mejor. En lugar de convertirse en Toni Morrison, se convirtió en sí misma.

El desenlace que el Universo tiene planeado para ti es muchísimo mejor que el más fantástico de tus sueños. El truco está en entregarte a aquello que te ilumina por dentro hasta disolverte en ello, y hacerlo como solo tú lo puedes hacer.

El mundo necesita tu presencia. Sirve al mundo siendo tú.

ACTIVA TU LUZ

¿Estás esforzándote por ser como alguien a quien admiras,
o por ser más como tú?

AL SERVICIO DE LA VIDA

He aprendido que la gente olvidará lo que
dijiste, olvidará lo que hiciste, pero jamás olvidará
cómo los hiciste sentir.
MAYA ANGELOU

Estar al servicio de la vida significa dedicar tu vida a algo que está por encima de ti, para que tu presencia pueda cambiar el mundo.

Estar al servicio de la vida no significa embarcarse en una misión titánica, decidida a salvar el mundo tú sola, a curar el cáncer, ni salir corriendo hacia un monasterio budista. Contribuir a que algo cambie en la vida de una sola persona puede tener un efecto inconmensurable.

Mi profesora de lengua y literatura del último curso de primaria, la señora Dorothy Bottrell, sirvió al mundo asumiendo la excentricidad, la franqueza y la presencia que la caracterizaban y alentando la originalidad creativa en todos sus alumnos. En lugar de vestir con discreción, como todas las demás profesoras, cada día su indumentaria era expresión de su ánimo. Cuando les hablaba a sus alumnos, les hablaba al corazón y les hacía sentir que eran de verdad valiosos. Desde el primer día que pasó lista, me sentí importante e inspirada a la vez.

En una ocasión, la señora Bottrell convirtió un trabajo de redacción en una inspiradora aventura. Nos dijo que había relatos esperando a ser escritos y que éramos las personas indicadas para escribirlos. Nos informó de que el trabajo no consistía en escribir una breve redacción creativa, sino en escribir nuestro primer libro. Y el premio por hacerlo sería poder compartir nuestras creaciones con los demás niños del colegio. ¡Nos dijo que estaban esperando a que les contáramos el cuento que solo nosotros podíamos contar!

La señora Bottrell me inspiró a entregarme en cuerpo y alma a mi libro, *¿De dónde vienen los arcoíris?* En vacaciones fui a las librerías de segunda mano buscando inspiración ancestral de todas las épocas y tradiciones místicas. Pasé horas ilustrándolo con mis lápices acuarelables Derwent, mis favoritos. Incluso me lo «publicó» Tucker Glynn & Co. (la asesoría contable del padre de mi amiga Terri, que tenía una impresora a color y una encuadernadora... ¡Eh!, eran los años noventa).

Nunca olvidaré el día en que la señora Bottrell nos devolvió los libros y nos felicitó por ser «escritores». Vi que el mío iba acompañado de una carta de dos páginas escrita a mano con el corazón y dentro de un envoltorio un regalo cuidadosamente escogido: una pegatina para la ventana en la que se veía un arcoíris y un delfín, además de un poema suyo inspirado en mi relato, decía. Me puse a llorar de lo especial y querida que me sentí en aquel momento. Y luego miré a mi alrededor y vi que les había escrito una carta y enviado un regalo a cada alumno de la clase.

La señora Bottrell nos llegó al corazón y nos alentó a todos y cada uno. Todavía conservo el libro y, después de haber empezado a escribir este, le pedí a mi madre que me lo trajera cuando quedamos para vernos en París.

La señora Bottrell era todo menos convencional, y distinta de todos los demás profesores que he conocido. Si se hubiera pasado la vida intentando parecerse a otra persona, el mundo sería un lugar mucho menos compasivo, creativo y luminoso. Mi vida en particular habría sido diferente y no tengo duda de que hay cientos, si no miles, de personas más a las que su espíritu ha conmovido de verdad.

MANTRA

Ilumino el mundo siendo yo.

SIRVE ALLÍ DONDE
SE TE LLENA DE GOZO
EL CORAZÓN.

△
POR FAVOR, ÚSAME

Pido a la Gracia del Universo que obre a través de mí
hoy para poder servir al mundo siendo yo.

Que mi luz brille con tanta intensidad como el Universo considere y
les llegue al corazón a quienes más la necesitan.

Que mi vida sea una gran oración en movimiento.

Amén.

△
TÚ©

Eres inigualable en este pueblo, ciudad, país, continente, planeta, sistema solar, galaxia, Universo, Multiverso y más allá. Mucho más allá. En todas las dimensiones del espacio y el tiempo, no hay, nunca ha habido ni nunca habrá nadie como tú. Ni siquiera parecido a ti. Tu color de pelo, tu educación, tus altibajos. Tu acento, tu forma de ser y todas las lecciones que has aprendido en la vida. Tu talla, tu color de piel y todo el aprendizaje de las vidas que tu alma ha navegado antes. Eres el prodigioso tapiz que va tejiéndose con cada nuevo aliento. Evolucionando con cada pensamiento, cada acto y cada instante.

Ahora, ahora, ahora.

En la existencia entera de todos los seres humanos que hubo y habrá, ninguno se aproxima siquiera a poseer la misma combinación de maravillas que tienes tú en este momento. Tú eres el regalo. Tú eres la luz. Eres tú el que ilumina el mundo. Sé inigualable.

Sé tú©

FORJA,
NO IMITES.

△

FORJA, NO IMITES

L a era de la idolatría y de jugar a *El rey manda** se ha terminado.

El rey dice: «Tú haz de tú».

Tampoco hay nadie en este planeta que tenga una combinación ni siquiera aproximada a la tuya de aptitudes, dones y experiencias y envueltas en el mismo envoltorio que tú. Es un hecho.

Si te pasas la vida esforzándote por ser como otra persona, ocurrirá lo siguiente:

- Harás un trabajo mediocre haciendo eso que alguien siempre hará mejor, más rápido, sin esfuerzo, con naturalidad.
- Para cuando descubras la manera de hacerlo como esa persona, ella habrá evolucionado y emprendido el siguiente trabajo fabuloso.
- El éxito que consigas será escaso porque no fluirás con el Universo.
- Te perderás forjar tu propia obra de arte e iluminar el mundo con tu presencia.
- Al no fluir con el Universo, todo te resultará siempre bastante costoso.

---

* *Follow the Leader*: juego infantil que consiste en imitar todo lo que hace el líder.

No tomes como modelo a quienes te han precedido, a la hora de decidir tu camino. Fórjate el tuyo. La forma de hacerlo es abrazando nuestro yo completo, sus 360 grados (la rareza y las contradicciones son de agradecer).

Hace falta valor, pero una vez que hayas empezado a andar tu camino verás que la sensación es fantástica porque... todo funciona en perfecta armonía..., todo encaja, todo va creándose en torno a ti. Y para cuando quieras darte cuenta, es probable que tu camino haya ascendido y discurra paralelo al de aquellos que un día admirabas y que te admirarán por haberte forjado tu camino.

ACTIVA TU LUZ
¿Qué puedes hacer en concreto hoy para forjarte
tu camino con valentía?

△

ABRAZA LO RARO

*Has perdido la cabeza, estás completamente loco. Pero te diré
un secreto: toda la gente que de verdad vale la pena lo está.*

LEWIS CARROLL, *Alicia en el país de las maravillas*

El significado que da el diccionario a la palabra *raro* es «extraordinario, poco común», y también «sobresaliente o excelente en su línea». No sé tú, ¡pero yo me apunto de cabeza! No seas normal. Abraza lo que hay en ti de raro. Desnúdate. Libera tu extravagancia. Deja salir la locura. Cuando lo haces, ocurren tres cosas fascinantes:

1. La gente con la que te relacionas que no te quiere de verdad por ser quien eres se irá. Quizá de entrada te parezca una pérdida pero en realidad es una ganancia.
2. Te sentirás muchísimo más fantástica y libre. Ah, y estarás camino de servir al mundo siendo TÚ.
3. Despejarás el espacio para que la gente afín a ti te encuentre. La clase de gente que de hecho busca exactamente lo mismo que tú ya eres.

Por abrazar mi «rareza» —en otras palabras, por salir explosivamente del armario espiritual y aceptarla con orgullo— atraje a mi novio Craig. Dice que en el momento en que entró en mi habitación (llena de cristales de cuarzo, cartas de ángeles, atados de salvia blanca, péndulos y libros sobre los Registros Akáshicos), supo que era su futura esposa.

Luego me enteré de que en el instituto todos sus amigos pensaban que era «raro» porque en lugar de tener un póster de Kylie Minogue colgado en la cabecera, ¡tenía uno de Sabrina la bruja adolescente!

La rareza es la nueva normalidad. ¡Es hora de ser rara!

△
MI LISTA DE RAREZAS

1. _____

2. _____

3. _____

4. _____

5. _____

6. _____

7. _____

8. _____

9. _____

10. _____

LLAMA A TU GENTE

Todos somos un poco raros y la vida es un poco rara, y cuando encontramos a alguien cuya rareza es compatible con la nuestra, nos unimos y caemos juntos en una rareza a la que llamamos amor.

DOCTOR SEUSS

Llama a tu gente. Están por ahí en algún sitio.

Gente que te entiende.

Gente que tiene el mismo tipo de locura que tú, el mismo tipo de rareza.

Gente a la que no necesitas explicarle nada.

Que quiere que triunfes y lo siente cuando caes.

A la que se le ilumina el rostro cuando te ve.

Que, sea cual sea el tiempo que lleve viviendo en este planeta, siente que lleva todo ese tiempo buscándote.

Esa gente está por ahí en algún sitio. Y quiere encontrarte. Pero tienes que dejar expresarse a tu rareza, para que cuando te vea sepa que te ha encontrado.

ACTIVA TU LUZ

¿Qué persona hay en tu vida que sea de tu tipo, rara al mismo estilo que tú?
¿Cómo puedes abrazar tu rareza para atraer a más de los tuyos?

TENÍAN
EL MISMO TIPO
DE **RAREZA**.

△

QUE TU ESPÍRITU SEA TU MARCA™

Me pasé más de diez años trabajando en publicidad ayudando a algunas de las marcas más conocidas del mundo a encontrar su auténtica voz. Las marcas se gastan millones en seleccionar cuidadosamente lo que tú ya tienes. Lo que nadie ni nada te puede quitar ni aproximarse siquiera a suplantar.

Una marca no es ni más ni menos que una personificación. Las marcas no nacen con un espíritu único e inigualable (a diferencia de ti); ese espíritu hay que manufacturarlo. Establecer una marca para un producto consiste literalmente en crear una personalidad, una serie de creencias, un tono de voz, un estilo visual que no existían antes de crearlos.

Tú naciste con tu marca personal; quizá no lo supieras, pero empezó a existir al completo en el momento en que inspiraste la primera bocanada de aire. Y tampoco es que empezara ahí. Has estado perfilándola con todo detalle durante cientos, miles, quizá incluso millones de años. Vive y respira en constante estado de evolución. Es tu esencia, tu espíritu, tu «tuidad».

Eres tú©

Está ahí dentro. Y quiere salir. Ahora es cuestión simplemente de identificarla, recordarla y decidir sacarla a la luz del día. Es tú en tu dimensión más expansiva. El tú que se muere de ganas de que lo liberen. El reluciente, centelleante y poderoso tú.

Nos expandimos cuando nos permitimos abrazar, asumir y expresar la maravilla inigualable del ser que verdaderamente somos. Nos retraemos cuando le damos la espalda a nuestra magnificencia intentando parecernos a otra persona. Cuando nos retraemos, vamos contra la Fuente y la corriente del Universo.

Elige expandirte y dejar que tu espíritu sea tu marca.

ACTIVA TU LUZ

Escribe las diez palabras que mejor te describan. Tu «tuidad».
Tu tú©. Más allá de lo que la sociedad haya dicho de ti y de
los roles que hayas representado. Quien de verdad eres.

1. _____	6. _____
2. _____	7. _____
3. _____	8. _____
4. _____	9. _____
5. _____	10. _____

Si tuvieras que condensarlo en cinco palabras, ¿cuáles serían?

1. _____
2. _____
3. _____
4. _____
5. _____

Si tuvieras que condensarlo en tres palabras, ¿cuáles serían?

1. _____
2. _____
3. _____

△

TU TRIBU TE ESPERA

Necesitamos que nos guíes.

SETH GODIN

El mundo necesita más líderes. Más personas valientes dispuestas a dar un paso al frente, a expresarse y abrir camino. No es necesario que lo tengas todo controlado para ponerte al frente. De hecho, es mejor que no lo tengas. Nadie quiere un ángel perfecto que no haya cometido ningún error.

Deja que tu vida sea tu mensaje. Tiene una fuerza real dar a conocer tu trayectoria. Es oír a otras personas describir su viaje lo que nos hace sentirnos menos solas. Nos damos cuenta de que si en su caso hubo una salida, es posible que también la haya para nosotras. Comprendemos que todos los seres humanos estamos en realidad juntos en esto a lo que llamamos vida.

No estamos tan solos como creemos.

La diferencia entre un seguidor y un líder es que el líder tiene el valor de ponerse a la cabeza. Y al dar con valentía ese paso al frente, ilumina el camino para que otra gente se aventure a darlo también. No te inquietes demasiado intentando averiguar cuál es tu tribu. No limites las posibilidades por razones de edad, nivel económico, aficiones u ocupación. La mejor manera de descubrir cuál es tu tribu es en realidad mirarte al espejo. Si te sientes llamada a abrir camino, probablemente sea porque en algún momento de tu vida anhelaste que alguien te guiara. Tu tribu está esperando exactamente lo mismo que esperabas tú (y esperas).

Tu tribu podría estar solo un paso detrás de ti. ¡Qué digo!, podría estar justo a tu lado. No necesitas tenerlo todo planeado ni un certificado especial que te autorice. Lo único que necesitas es el valor para levantarte. Abraza tus luchas, los momentos buenos y los malos. No necesitas saber cuál es el camino. Basta con que creas sinceramente que puede haber uno distinto.

Tu tribu te espera. Da un paso al frente para que te puedan encontrar.

ACTIVA TU LUZ

¿En qué momento de tu vida anhelaste con más fuerza
que alguien te guiara?

Ahora, al mirar atrás, ¿qué era lo que más necesitabas oír
de alguien en aquel momento?

△
TU MENSAJE ERES TÚ

Tu mensaje es tu vida. Tus luchas y tus triunfos. Las épocas buenas y las malas. El tramo inicial y el tramo medio. No hay final. Es todo eso de lo que te sientes tan orgullosa y lo que preferirías olvidar. Y cuanto más concreta sea tu historia, más universal será tu mensaje.

Sea cual sea la manera que elijas para difundir tu luz, le llegará a más gente si te permites ser transparente al hablar de tu viaje y de las lecciones más difíciles que has aprendido por el camino. De lo bueno y de lo malo. Los mejores profesores son eternos estudiantes; su mensaje evoluciona a medida que lo hacen ellos.

Tu mensaje es la moraleja de tu relato. Y hay gente esperando a oírlo. Un relato que no se cuenta es el relato más triste de todos. Cuenta el tuyo ahora.

ACTIVA TU LUZ

Una buena manera de que comprendas con claridad tu mensaje es imaginar que es una película de Hollywood. No tiene por qué ser la historia entera de tu vida; podría ser solo un capítulo. Pregúntate:

«¿Sobre qué trataría la película?
¿De qué género es?

¿Cómo sería la protagonista?
¿Y los actores de reparto?
¿Quién o qué es el antagonista?
¿Cuál es la moraleja de la historia?
¿Cómo se titula?».

△

ELIGE TU BANDA SONORA

Elegir tu banda sonora es una manera genial de mantener la conexión con quien verdaderamente eres. Considérala un ancla musical para llamarte a volver a casa, para iluminarte y motivarte. Puedes hacerla sonar cada mañana cuando te despiertas, mientras caminas por la calle, antes de una reunión importante o para volver a encarrilarte cuando estás de mal humor.

Tu banda sonora puede ser cualquier tema musical que se te ocurra. Si te sientes creativa, puedes incluso inventártela. Yo llevo haciendo sonar la mía (*She's a Rainbow*, en castellano *Ella es un arcoíris*, de los Rolling Stones) desde hace años. Al principio la elegí porque encarnaba todo lo que anhelaba ser (que en realidad era quien era yo en esencia) pero me sentía demasiado cohibida para revelar. Cada vez que sonaba, era casi como invitar a volver a casa a las partes de mí que había perdido.

Primero empecé a hacerla sonar mientras iba por la calle. Después empecé a celebrar un pequeño baile en solitario cada noche en casa. Luego la hacía sonar en mi cabeza antes de una presentación creativa importante o antes de impartir una Sesión con espíritu de vida. Con el tiempo, reuní el valor para hablarle de ella a Craig, ¡y ahora es él quien me la canta!

ACTIVA TU LUZ

Elige tu banda sonora. Puede ser cualquier canción del mundo entero. O, si tienes ganas, crea una tú misma. Pásala al iPod, a iTunes o a Spotify y escúchala todos los días.

△

ESCRIBE TU ESLOGAN

Si tuvieras un legado que dejar, ¿cuál sería? El simple acto de condensarnos en un eslogan nos obliga a comprender de verdad qué es lo que más queremos comunicar al mundo. No es necesario que sea para transformarlo radicalmente.

El eslogan es una especie de manifiesto de quiénes somos y de lo que representamos y defendemos. Quizá te parezca una tontería, pero la claridad que da tener un eslogan personal es una bendición cuando tienes que tomar una decisión difícil. Te permite sopesar cada opción y ver cuál concuerda con tu eslogan. Es también un buen punto de referencia para comprobar si tu vida está en sintonía.

Mi amigo Blair Milan tenía también su eslogan: «Buenos momentos». Como no era alguien a quien le faltara confianza en sí mismo, solía usar su eslogan siempre que podía. Cuando enviaba correos electrónicos, cuando se despedía, cuando alguien contaba algo que le había ocurrido, cuando repetía una anécdota que le acababan de contar. Cada vez que tenía ocasión, lo dejaba caer.

Cuando llegué a Sídney después de su muerte, nos pusimos de inmediato a organizar el funeral. El lema del velatorio fue «Buenos momentos» y fue el mayor espectáculo que la Compañía de Teatro de Sídney hubiera visto nunca: canciones, comedia, discursos, vídeos y montajes artísticos con todo lo que era Blair. (Le habría entusiasmado). Había incluso una «Barra Buenos momentos» justo a la entrada.

Blair vivió su vida tan incondicionalmente de acuerdo con este manifiesto que todo el que lo conocía sabía lo que le había enseñado de la vida. Mandamos hacer insignias de «Buenos momentos» y todos las seguimos llevando como tributo a la forma en que vivió su vida.

La vida entera de Blair fue un acto de devoción a vivir, a percibir, a atrapar y valorar los «Buenos momentos» que la vida nos ofrece a todos. Incluso a la gente que apenas lo conocía le impactaba la exuberante esencia de su espíritu. Porque tenía totalmente claro quién era y cómo quería difundir su luz.

Eres un regalo sin igual. Tienes capacidad para dedicar tu vida a lo que desees. Así que ¿cuál quieres que sea tu legado? Si tuvieras que escribir tu eslogan, ¿cuál sería?

ACTIVA TU LUZ
Mi eslogan personal es:

«¿Qué hay en tu vida que no esté en sintonía con tu eslogan?».

△

SAL DEL ARMARIO ESPIRITUAL

Sal, sal de dondequiera que estés.

GLINDA LA BRUJA BUENA, *El mago de Oz*

Sal del armario espiritual, se está mucho mejor aquí fuera. Cada día es socialmente más aceptable ser abiertamente «espiritual». Pero cuando llevas dentro del armario espiritual desde hace tiempo, puede dar un poco de miedo revelar –sobre todo a la gente que «mejor te conoce»– que, en realidad, eres más de lo que has dejado ver de ti. Yo estuve escondida en el armario espiritual más de diez años. Estudiaba a la persona que tenía delante antes de revelarle con un susurro lo «espiritual» que era. Pero cuando el alma me llamó a alinearme con la vida, supe que necesitaba desnudarme. Así que, poco a poco, salí del armario y tímidamente me empecé a desvestir.

El paso más grande fue llevar a mi «yo espiritual» al trabajo. Empecé a hablarles a mis colegas de los cursos que impartía los fines de semana y a dejar sobre mi mesa los libros que estuviera leyendo (en lugar de esconderlos en el bolso, para que nadie viera la cubierta). Hablé de la conexión que a mi entender había entre la creatividad, la espiritualidad y las ideas, que estaban esperando a nacer. Luego, empecé a dejar caer la palabra temida, *espíritu*, en las reuniones y se me ocurrió la frase: «Que tu espíritu sea tu marca».

Cuantas más capas me iba quitando, más liberada me sentía. Cuanto más revelaba de mi auténtico yo, menos esfuerzo me costaba el trabajo porque era capaz de mostrarme completamente como era. No intentaba encajar en un molde, sino que me dejaba desbordarme y expandirme. Y esas partes que se desbordaban empezaron a ser «lo mío». Me valieron aumentos de sueldo, premios y ascensos. Las partes de mí que había intentado mantener a raya eran las que todo el mundo en realidad valoraba más. Desnudarme fue la experiencia más liberadora y gratificante de mi vida.

Cuando mayor impacto tenemos en el mundo es cuando mostramos nuestro ser entero. ¿Está presente tu ser entero en todas las esferas de tu vida? El secreto de desnudarse, de todos modos, es que no hace falta que te quites toda la ropa a la vez y quedarte de repente completamente desnuda a plena luz del día y que todo el mundo te vea y te señale con el dedo. Esa es nuestra mayor pesadilla. No es necesario. ¡Los buenos *striptease* dejan a todo el mundo con ganas de más!

Puedes empezar por quitarte el sombrero, luego la bufanda, y los guantes. Después quizá el abrigo, y a continuación los tacones. Con el tiempo, fuera el vestido, el sujetador y el resto. Cuantas más capas van cayendo al suelo, más quiere ver la gente.

**Cuanto más te reveles, más fácil le resultará a «tu gente» encontrarte.
Es mucho más difícil detectar a alguien cuando lleva un disfraz.**

ACTIVA TU LUZ
¿Estás metida en un armario espiritual? ¿Cómo puedes empezar a desnudarte y alinear todas las esferas de tu vida?

△
ALINEA TU VIDA

Para prosperar a lo grande (y todos estamos hechos para prosperar), debemos alinear nuestra vida, para que todas las piezas fluyan con una vibración armoniosa. Cuando estamos alineados, todo en nuestra vida fluye. Cuando no lo estamos, tenemos la sensación de que algo no está del todo en su sitio. Si entiendes la ley de la atracción, sabrás que, para crear lo que deseas, tu frecuencia vibratoria debe ser auténticamente idéntica a la de aquello que quieres atraer. Cuando no lo es, ocurre lo mismo que en una radio que está mal sintonizada: te va a ser imposible captar las últimas melodías *indie* si el dial está en una emisora que solo radia tertulias aburridísimas.

Estar en perfecta alineación significa haber alineado nuestra energía, pensamientos, actos y palabras de modo que su vibración sea gemela a lo que queremos atraer. Es decir, no se trata de anhelar ser algo «algún día», sino de hacer que tus pensamientos, tus actos, tu energía y tus palabras estén en total armonía para que «ya seas» todo lo que deseas atraer. Si lo consigues, es imposible que no hagas venir a ti todo lo que quieres. El truco, de todos modos, es comprometerte a realizar diariamente acciones que te hagan alinearte con ello.

Como contaba en «Preséntate y brilla» (mira la página 210), hasta estar en total correspondencia vibratoria con Hay House no recibí la llamada. Me costó, pero poco a poco —a medida que los pensamientos, la energía y las acciones fueron aunándose en un alineamiento completo— conseguí esa identidad vibratoria.

Primero fue dar el salto y dejar mi profesión para lanzarme de lleno al tema del *coaching* intuitivo, para el que me había formado pero que nunca me sentía del todo preparada para emprender. Luego fue escribir un poco todos los días y redactar una propuesta para que me publicaran el libro. En esta etapa, se me dieron dos oportunidades de enviar la propuesta, pero no es de extrañar que no las oyera (ya que todavía mi vibración no se correspondía con ellas). Aunque descorazonada, quité de en medio al ego y me comprometí a sentarme a escribir cada día (exactamente igual que si fuera escritora). Después llegó cambiar las ideas que tenía sobre la necesidad de recibir aprobación externa antes de poder sentir que estaba legítimamente preparada para escribir y que lo merecía.

Por último, y esto es lo más importante, vi nacer en mí un estado de alegría en cuanto empecé a escribir por el mero placer de hacerlo, en lugar de tener la mente puesta en conseguir que me lo publicaran. Lo que lo cambió todo fue responder a la llamada por la simple alegría de hacerlo y no por alcanzar la meta.

Me disolví en lo que me alegraba el corazón y me conectaba con mi luz, en lo que estaba sucediendo, y comprendí que el resultado no era en realidad asunto mío. Mes a mes, los pensamientos, las palabras, la energía y las acciones fueron modificándose sin prisa pero sin pausa hasta estar en total alineación con Hay House. Por un lado, trabajé muchísimo y durante mucho tiempo (diecisiete años, podría decirse) para conseguir ese estado de identidad vibratoria, pero en cuanto la vibración fue idéntica, ¡todo llegó sin ningún esfuerzo, en un instante!

ACTIVA TU LUZ

¿Qué estás intentando crear o atraer a tu vida?

¿Están en total alineación con ello tus pensamientos, palabras, acciones y energía?

¿Eres la misma persona en todas las áreas de tu vida? (Por ejemplo, en el trabajo, en casa, con los amigos, con desconocidos).

△

SÉ UN SÍ

Sé un sí. Un rotundo, inequívoco, aplastante sí (del tipo «voy a hacerlo sí o sí, pase lo que pase»).

El Universo no se queda a medias tintas, no dice «tal vez», «más o menos» o «bueno, pero». O es absolutamente firme o no lo es en absoluto.

Cuando tenemos una intención, o todo cuanto existe en el Universo resuena haciéndose eco de ella o disuena de ella por completo. Si algo resuena, es un sí al cien por cien y va a venir derecho hacia ti como un imán, o una gaviota en la playa lanzándose a tus patatas fritas. Si no resuena, será un rotundo no.

Cada segundo de cada día emites pensamientos y acciones que vibran con un «sí», un «no» y un «tal vez».

Cuanto mejor entiendas qué te hace decir «CLARO QUE SÍ» y qué te hace decir «NI HABLAR», más SÍES llegarán volando derechos hacia ti y aterrizarán justo a tus pies.

ACTIVA TU LUZ

¿Cómo puedes ser más un «CLARO QUE SÍ» a que entre en tu vida aquello que estás llamando (y que es también aquello que te está llamando a ti)?

CABER EN UNA BIOGRAFÍA DE TWITTER

Vivimos en una época en la que se nos pide que definamos quiénes somos en ciento cuarenta caracteres.* Pasarse la cantidad de tiempo que yo me he pasado editando mi perfil de Twitter debería ser un delito castigado con la pena de cárcel. Nadie que yo conozca tiene ni idea de cómo describir lo que «hace» y quién «es» en una sola frase.

¡Y es porque definir quién eres en ciento cuarenta caracteres es imposible! No solo eso, sino que además eres una obra en proceso de creación, una obra de arte en evolución, así que ciento cuarenta caracteres no te abarcarán nunca. ¡Jamás! Y eso es bueno.

Muy probablemente hayas tenido más de ciento cuarenta vidas (eso es mucha historia y dones del alma almacenados en un solo recipiente)... ¿Cómo podrías hacer que todo eso cupiera en ciento cuarenta caracteres?

Así que si no encuentras las palabras, posiblemente no sea porque no sabes quién eres. Quizá sea porque sabes que eres todo eso y mucho más.

Deja que tu vibración hable por ti.

---

* Recientemente se ha ampliado a doscientos ochenta.

△

LA VIBRACIÓN ES LA MEJOR HERRAMIENTA DE *MARKETING*

La vibración que emites tiene mucha más fuerza de la que jamás podrían tener tus palabras. Más que la ropa que llevas, que lo que dices o lo que haces. Más que la mejor estrategia de mercado, que ningún publicista ni que tu relaciones públicas preferido.

Los iguales se atraen.

Independientemente de cuál sea su grado de «sintonía», cualquiera captará tu vibración a un kilómetro de distancia y emitirá una decisión o una opinión acerca de ti sin siquiera pensar en ello.

La vibración no tiene nada que ver con el pensamiento; tiene que ver enteramente con la sensación. La gente toma decisiones respecto a ti basándose en esas sensaciones, y para ello no hace falta que esté «en sintonía». Quizá no seamos capaces de ponerlo en palabras pero podemos detectar si alguien es auténtico en un nanosegundo, porque la energía que emite concuerda con sus palabras.

Ni la mejor página web, el mejor lema y campaña publicitaria sirven de nada si no se corresponden con la verdadera vibración de una marca. Si tus palabras dicen una cosa y tu energía otra, la gente no te va a creer.

La energía no miente.

La mejor manera de ver si tus palabras se corresponden con la vibración que emites es decirlas en alto. Si te hacen sentirte fuerte y veraz, son idénticas. Si te hacen avergonzarte y encogerte, no son una representación auténtica de ti.

También el cuerpo puede darte pistas. Al decir algo en voz alta, comprueba en qué lugar del cuerpo lo sientes cuando eso que dices es verdad y en qué lugar lo sientes cuando no lo es.

HAZLO DE LA
MANERA EN QUE
SOLO TÚ LO
PUEDES HACER.

△

TÚ©: TU AUTÉNTICA VOZ

Si te sientes inclinada a comunicar tu mensaje mediante la escritura, encontrar tu auténtico tono de voz es una parte fundamental del proceso. El primer trabajo que hice en publicidad fue el de redactora. Luego trabajé de directora creativa, dirigiendo a equipos de escritores a fin de encontrar el auténtico tono de voz para cantidad de grandes marcas. Puedes tardar tiempo en encontrar tu auténtico tono de voz, pero te daré unas pistas que pueden ayudarte a expresar el tuyo.

Sé tú©

No puedes encontrar tu auténtico tono de voz a menos que sepas quién eres. Saber quién eres te llevará tiempo. Mirar qué hace otra gente, con la idea de hacer lo mismo, no te servirá de nada. Te apagará la voz, no estará alineada con quien eres. Escribe como hablas. Escribe como sientes. Si eres optimista, sé optimista. Si eres apasionada, sé apasionada. Si eres una *hippy* con un sentido del humor un poco peculiar y te encantan los osos panda, sé una *hippy* con un sentido del humor un poco peculiar a la que le encantan los osos panda. Sé tú©.

Escribe con el alma

No escribas lo que piensas que deberías escribir; escribe lo que tu alma te pide que expreses. Cuando escribo desde el corazón, el resultado es muy distinto de cuando escribo desde la cabeza: las palabras fluyen y tienen una especie de hondura, de RIQUEZA; el ritmo cambia, y la sensación es apasionada y libre. A veces escribo y luego al leerlo pienso: «¡Qué pasada! Es precioso», porque a la cabeza le habría sido imposible expresarlo así, por mucho que lo hubiera intentado. Sé entonces que el escrito ha surgido a través de mí. Soy un canal. Cuando escribo desde la cabeza, me cuesta mucho más y no destila la misma autenticidad. La sensación al leerlo es artificiosa y rígida. ¡Nadie quiere leer algo así! Antes de sentarte a escribir, ponte la mano en el corazón, respira hondo y escucha lo que el alma quiere contar.

Empieza a hablar

La única manera de encontrar tu voz es empezar a hablar (¡y estar dispuesta a equivocarte!). Cuando dirigía a equipos de escritores, llegaba a considerar hasta veinte posibles titulares antes de encontrar *el* titular. Encontrar nuestra voz es un proceso. Somos seres polifacéticos y por tanto podemos conducir la escritura en diferentes direcciones. Tienes que estar dispuesta a ir descaminada para saber cuándo has encontrado de verdad el camino. Fallar es igual de importante que acertar.

Escríbete a ti

Si no sabes qué decir, escribe lo que más necesites oír. Tu tribu vibra al unísono contigo porque está alineada con tu mensaje. Casi con seguridad, los mensajes que tu alma tiene para ti les llegarán al corazón a ellos también. No te compliques. Lee el capítulo «Cartas a ti» (página 315), y encontrarás más información sobre cómo hacerlo.

Estate dispuesta a fallar

No puedes encontrar tu auténtica voz sin fallar primero. Estate dispuesta a probar cosas, a encontrar aquella con la que fluyes. Sabrás cuándo has dado con tu auténtico tono porque vibrará al unísono contigo. Tal vez sientas una calidez en el corazón, una sensación general de expansión o ligereza. Si no está alineado con quien eres, probablemente notes una sensación de ardor en el abdomen.

Comparte, no compares

No te compares con alguien que lleve años escribiendo. No tengas prisa. Conserva la autenticidad. Sé tú. A veces hay ideas y frases destinadas a nacer que saldrán de la pluma de distintos escritores —lo cual es un poco frustrante cuando has dedicado mucho tiempo a crearlas—. Si los escritos de alguien son parecidos a los tuyos, haz una verificación interna para asegurarte de que lo que has creado ha salido de un sitio auténtico de tu interior (y no de las entradas de esa persona en una red social). Haz cuanto esté en tu mano por que tus escritos sean tuyos y pídele orientación a tu alma.

No escribas para que a la gente le guste

No te sientas desalentada si nadie elogia tus escritos ni recibes ningún «me gusta». No tienes ni idea de a cuántos corazones les ha llegado de verdad. Tú solo siéntate y escribe, cada día, y confía en que, si tienes un mensaje que comunicar, la gente que más necesite oírlo lo verá.

¿Compartir o vender?

No escribas para vender, escribe para compartir. Si compartes tus escritos en Facebook, tu mensaje competirá en el muro de tus amigos con el de sus mejores amigos. Publica lo que pueda serles de algún valor a los lectores, no a ti.

Leí algo hace ya tiempo (en Facebook ¡pero no recuerdo quién lo publicó!) que se me quedó grabado, y que decía algo así:

No escribo para enseñar ni convencer a nadie, escribo para que los que sienten lo mismo que yo se sientan menos solos.

Me encanta.

Por eso compartimos nuestra historia, nuestro mensaje y nuestra alma.

#AFreakingMen.

TÚ©: TU AUTÉNTICO ESTILO VISUAL

Un aspecto importante de irradiar tu luz es expresarla de modo que esté visualmente alineada con quien eres.

La forma de irradiar tu luz y expandirla al máximo es hacer las cosas a tu manera más auténtica, y una buena forma de descubrir cuáles son tu aspecto y tu estilo es seleccionar aquello con lo que te sientas identificada. A toda la gente que hace conmigo una tutoría de «Activa tu luz» o un curso en línea le pido que cree un tablero de su «marca» personal en www.pinterest.com. Puedes hacerlo público o privado. Podrías incluso llamarlo, por ejemplo, Amy©.

No hay reglas sobre qué clavar en él, pero quizá las siguientes indicaciones te resulten útiles para ponerte en marcha.

Clava lo que haga que tu corazón se expanda

No analices por qué clavas algo, simplemente ponle una chincheta a aquello que haga que tu corazón se expanda. Clava lo que sea un sí y olvídate de lo que sea un NO.

Encuentra tu estilo

Tu marca ha de ser expresión original de quien eres, no una versión segundona de otra persona. No insultes a tu autenticidad tomando «prestado» el aspecto y estilo de alguien. Obtén inspiración de tu brújula interior. Todo esto requiere tiempo, así que déjalo evolucionar. Permite que tu luz interior te muestre el camino.

No te sientas culpable

Si en algún momento tienes la sensación de que esto «es una pérdida de tiempo» o de que «mejor sería estar haciendo cosas más importantes», mándala a paseo.

Trata de encontrar tendencias

Al cabo de un tiempo (puede ser un mes o un par de semanas), mira el tablero en conjunto. Empezarás a notar un par de tendencias distintas que empiezan a perfilarse. Ciertas gamas de color, estilos de fotografía y tipografía empezarán a aflorar y se dejará traslucir cierta actitud. Todo esto es muy valioso a la hora de encontrar tu auténtica expresión visual. Elimina todo aquello con lo que no te sientas tan identificada y conserva aquello con lo que sí. A lo que quieres llegar es a un estilo visual global que sea original y te represente.

A la hora de contratar a un diseñador

Si en determinado momento decides contratar los servicios de un diseñador para crear una página web, es muy importante que tengas un tablero de tu marca. Son tantas las páginas web que tienen la misma apariencia... Una de las razones por las que ocurre es que la persona no ha definido con claridad su marca personal original, así que las instrucciones que se le dan al diseñador son «hazla como [inserta el nombre de la página web] y como [inserta el nombre de la página web]».

Dar instrucciones a un diseñador es una cuestión compleja porque la respuesta que cada cual da a lo que ve es subjetiva. Y como diseñador, recibir instrucciones de alguien que no sabe lo que busca significa no tener ni idea de cómo enfocar el diseño. Es IMPOSIBLE describir objetivamente lo que vemos.

He trabajado con muchos diseñadores y créeme si te digo que es importantísimo que establezcas una orientación visual clara y original antes de plantearte crear tu página. Para la cubierta de este libro, pasé dos días creando tablas de inspiración (*moodboards*) para todas las posibles orientaciones visuales y poder así dar instrucciones al diseñador.

Si has hecho el trabajo de base sobre quién eres y con qué tipo de materiales visuales te sientes identificada, vas muy bien encaminada para irradiar visualmente tu luz de un modo auténtico.

Eres una obra en evolución

Estate abierta a que tu aspecto y estilo evolucionen a la par que evolucionas como persona. Tu estilo debe estar siempre anclado en quien eres; sin embargo, a medida que evolucionas y te expandes, el diseño que te representa debe hacerlo también. Precisamente por ESTO es inimitable.

ACTIVA TU LUZ

Si todavía no tienes una cuenta de Pinterest, regístrate y empieza a guardar en tu tablero todo pin que te inspire. Te recomendaría que dedicaras unos diez minutos al día durante un mes para que se empiece a traslucir un estilo visual definido. Si necesitas algún consejo más para desarrollar tu propia marca, ofrezco tutorías y cursos en línea que te ayudarán a irradiar tu luz de forma realmente auténtica.

△

LA VIDA NO GIRA EN TORNO A TI

Estar al servicio de la vida significa comprometernos a irradiar nuestra luz sin importar lo que nadie piense. Si atenúas tu luz porque te consideras incompetente, estás perjudicando al mundo. En el momento en que dejas que interfieran tus dramas, tu miedo y la imagen que tienes de ti misma, haces que todo gire en torno a ti y a tu imagen de ti. La vida no gira en torno a tu imagen.

Es algo que hace poco aprendí de verdad. Formo parte de un grupo de apoyo de Skype llamado *Six Sensory Mastermind*, formado por seis intuitivas de distintos lugares del mundo. En una llamada reciente una de ellas dijo:

—Hoy Rebecca ha estado un poco callada. ¿Qué pasa, Rebecca? —(¡A veces es un fastidio tener a gente intuitiva por amiga!).

Les dije que me sentía un poco nerviosa porque pronto iba a tener que dar una charla en una conferencia importante.

Y añadí:

—Sé que es una tontería pero estoy muy nerviosa y me entran dudas sobre si estoy preparada para dar la charla, porque todos los demás conferenciantes tienen mucha más experiencia.

Monika contestó con cariño pero con firmeza:

—Eso suena a que es el ego de Rebecca el que habla. Tiene miedo de cómo la recibirán, cuando en realidad eso no es asunto de ella. Ella tiene que confiar en que quien la haya contratado confía en que lo que puede ofrecer es justo lo que los asistentes necesitan oír. Rebecca tiene que quitarse de en medio y dejar de pensar que todo gira en torno a ella y a su imagen.

Todo el mundo estuvo de acuerdo. Incluida yo.

El ego estaba interfiriendo; estaba dejando que el miedo a no ser lo bastante competente me impidiera cumplir con el compromiso de servir a la vida lo mejor que me fuera posible. Estaba invirtiendo un tiempo precioso, que podía usar para estar más preparada, en preocuparme. Y si hubiera aparecido en el escenario invadida por el miedo, no habría podido darle al público mi yo más presente. Oí el mensaje alto y claro:

¡Esto no gira en torno a mí!

Cuando empecé a ofrecer lecturas intuitivas y *coaching*, solía hacer lo mismo. Buscaba en los clientes la verificación de que «había acertado», de que la información que recibía y les comunicaba tenía auténtico sentido para ellos y les era útil. Ahora, sé que mi trabajo tiene más que ver con ofrecerles espacio emocional para que puedan ser y expresarse libremente y con estar lo más presente posible. Confío en que soy un vehículo a través del cual obra el Universo y en que las palabras que digo son exactamente las que necesitan oír. Cómo te reciba la gente no es asunto tuyo. Se te ha dado una serie irrepetible de cualidades, experiencias e intereses. Tu única responsabilidad es expresarlos. Cualquiera que sea la experiencia que estés viviendo en este momento:

¡Estás preparada para ella!

No se te habría dado si no lo estuvieras. Mereces estar aquí. Por muy nerviosa o poco preparada que te sientas, trágatelo e irradia tu luz de todos modos. El mundo la necesita.

Esto no significa que no exista la duda. La duda y el miedo son una parte normal del ser humano. Admite tus miedos. Mis profesores me enseñaron que, si tengo miedo de algo, la mejor cura es decirlo en voz alta; hace que dé menos miedo.

ACTIVA TU LUZ

¿Cómo está impidiendo tu miedo que des el paso
y te adentres en tu yo más genial y expansivo?

△

NO ERES PARA TODO EL MUNDO

El mundo está lleno de personas a las que, por mucho que te esfuerces, no les vas a caer bien, nada bien. Pero también está lleno de personas que te quieren con locura. Es tu gente. No eres para todo el mundo y está bien que así sea. Háblale a la gente que oye lo que dices.

No desperdicies un tiempo y un talento preciosos intentando convencer a nadie de lo que vales; hay individuos a los que nunca les va a interesar lo que ofreces. No los convenzas de que caminen a tu lado. Perderás el tiempo y les harás perderlo a ellos también, y es probable que os inflijáis heridas innecesarias, que necesitarán más tiempo precioso para curarse. No eres para ellos y ellos no son para ti; diles adiós con cortesía y sigue tu camino. Compartir el camino con alguien es un regalo sagrado; no degrades este regalo emprendiendo el tuyo en una dirección equivocada.

Mantén siempre tu verdadero norte.

ACEPTA DONDE ESTÁS

Acepta donde estás y todo lo que eres en este momento —especialmente las partes que estás tratando de entender y sanar—. La gente a la que has venido a guiar es la que está unos pocos pasos detrás de ti. No hace falta que lo tengas todo organizado ni que seas una experta...

> Es tu humanidad lo que de verdad va a llegarle
> a la gente, no tu sobrehumanidad.

Cuando nos embarcamos en el viaje del despertar espiritual, es posible que al principio pensemos que «entendemos», como si hubiera un destino final al que llegar. La realidad es más bien la contraria: cuanto más sabemos, menos sabemos en realidad.

No necesitas fingir o demostrar que lo entiendes todo, sino sencillamente compartir lo que has entendido hasta el momento. Estamos todos juntos en esta escuela de la vida. No hay destino definitivo, punto final, solo mayor conciencia y comprensión.

Cada momento es una oportunidad de ahondar en nuestro aprendizaje de la vida y de nosotras mismas. Cuando nos resistimos a decir: «Ah esto, esto ya lo sé», abrimos la puerta a la vida para que entre y nos abrace el alma con más intensidad todavía que antes.

Somos todas eternas estudiantes. Estoy tan contenta de haber aprendido esto hace poco, más claramente todavía de lo que lo sabía hasta entonces... Y estoy deseando aprenderlo con más claridad aún de lo que lo sé ahora. A veces las palabras entorpecen la verdad.

Suaviza la mente y revivirá el alma.

$\triangle$

LA CREATIVIDAD
Y SER UN CANAL DESPEJADO

Cuando nos conectamos con el flujo de energía de la Fuente, somos un canal despejado para que las creaciones fluyan por él. Cuando permites que la Fuente fluya a través de ti, sucede algo maravilloso: así como los rayos de sol brillan a través de un cristal traslúcido, la luz atraviesa tu auténtico yo y crea algo que nadie más podría haber creado.

Muchos de mis clientes temen que lo que quieren comunicar al mundo no tenga validez por uno de estos dos motivos:

- Ya lo ha dicho alguien (que lo experimentó antes que ellos, y por tanto está ya establecido).
- Hay una gran cantidad de gente que ha tenido una experiencia similar; por tanto, ¿qué tiene de especial la suya?

Cuando permitimos que la luz fluya a través del cristal traslúcido de las ventanas del alma, esa vibración nuestra que la creación alimenta atrae a la gente. Si hay alguien que haya pasado, o esté pasando, por experiencias similares a las tuyas, más necesidad hay todavía de que compartas tu mensaje y tus creaciones ahora. Si has oído la llamada (y creo que es así), empieza a crear ahora. No pierdas el tiempo vigilando lo que hacen los demás. Crea, y hazlo de la manera que solo tú lo puedes hacer.

ACTIVA TU LUZ
¿Qué te impide en este momento expresar tu mensaje
o tus creaciones con más valentía?

△

INVOCAR A TU MUSA

Todos los seres humanos de este planeta tenemos la capacidad de ser creativos y dar a luz ideas. La creatividad fluye a través de nosotros y, aunque estemos presentes cuando la creación se manifiesta, es una fuerza misteriosa la que la genera. Este libro está escrito así y muchos escritores y artistas admiten que sus creaciones nacen de la misma manera. A esta fuerza creativa la llamo «la musa».

La musa busca a gente dispuesta a recibir las creaciones que esperan a nacer. Pero si no cumplimos el compromiso con nuestro talento a diario, o hacemos acto de presencia solo cuando nos apetece, la musa pasará a otra persona. Es así de veleidosa. No es nada personal. Es su forma de ser. La musa quiere que hagamos realidad nuestras ideas sin demora. Somos vehículos para que la creación se manifieste en el mundo. Prácticamente cada vez que me he estancado en una gran idea o he actuado con cierta parsimonia, ha aparecido alguien con una frase, creación o idea similar al mismo tiempo. Cuando tu musa hable, actúa.

Cuanto más nos comprometemos cada día a conectar con nuestra musa, más clara se vuelve la comunicación y más fácilmente empiezan a fluir las creaciones. Cuando una musa te elige, lo hace porque eres el vehículo idóneo para su mensaje. Es tu «TUIDAD» lo que quiere, tu particular huella creativa: la mezcla perfecta de experiencia, educación, ciudad, forma corporal y voz.

ACTIVA TU LUZ

¿Qué creaciones o ideas están esperando a nacer a través de ti?

△

CARTAS A TI

El pájaro no canta porque tenga la respuesta, canta porque tiene una canción.

Maya Angelou

Cuando me embarqué en la aventura de escribir este libro, mi profesora Sonia me dijo: «Escríbele a la lectora que está más interesada en ti…: tú».

Se lo había oído decir años antes, hablando de cómo había sido escribir su primer libro, y contó que su amiga Julia Cameron le había sugerido que pensara en él como si se tratara de escribir una carta todos los días. Pero, para ser sincera, no entendí lo que quería decir. Más adelante, un día caí en la cuenta: no es porque yo sea la lectora más interesada en lo que escribo (porque me encante leer mis palabras), es porque en algún momento de mi vida estas eran las palabras que más necesitaba oír. ¡Eureka!

Todos los días, cuando me siento a escribir, eso es exactamente lo que hago. Da igual que sea un capítulo nuevo, una actualización de Facebook, un *tweet*, una entrada del blog o unas notas rápidas en la agenda. Dejo que se apodere de mis dedos la energía de lo que mi corazón más necesita oír. Podría ser lo que más necesita oír hoy, o podría ser lo que más necesitaba oír en un momento de mi vida distinto, un momento en el que necesitaba que alguien o algo me mostrara el camino, me alentara, me animara a confiar en mí.

Todos estamos conectados por la más magnífica red de hebras doradas. Lo que tu corazón necesita oír es lo que otro corazón necesita oír también.

Si publicas lo que escribes, no intentes adoctrinar ni convencer, escribe para que se te ablande el corazón. Deja que cada palabra que sale a través de ti sea medicina para el alma. Quien necesite oír lo que dices se sentirá atraído por tus palabras, por tu mensaje, por tu verdad, por tu canción. Cuando permites que tu yo más sabio te escriba a ti, permites que la cabeza se quite de en medio y que tu yo más elevado ocupe su puesto.

Escribe para sanarte.
Pues al sanarnos a nosotras mismas,
es inevitable que sanemos al mundo.

ACTIVA TU LUZ
Escríbete una «carta a ti». Toma un papel
en blanco y escribe arriba: «Querida [inserta tu nombre]».

Llena la página con las palabras que más necesites oír.
Tal vez sean las palabras que más necesitas oír hoy,
o tal vez sean las palabras que más necesitabas oír hace cinco, diez
o incluso veinte años. Sin juzgarlas, deja que fluyan.

Si te inspira lo que has escrito, quizá quieras compartirlo
en Facebook, en un blog o donde te parezca oportuno.

Estamos todos juntos en esta experiencia compartida a la que
llamamos vida. Lo que sea sanador para ti probablemente
sea sanador para alguien más. Sirve al mundo siendo tú.

△

LA VOZ DE TU ALMA

El planeta necesita el singular tono de tu alma para armonizarse.

SERA BEAK

Todos llevamos en lo más profundo de nuestro ser una verdad que anhela expresarse. La voz de nuestra alma, esculpida durante vidas, es incomparable. Contiene una sabiduría que solo llega con el desarrollo del alma. Al recordar este tono de voz único, conectar con él y expresarlo, no solo nos sanamos a nosotras mismas, sino que sanamos el planeta. No hace falta decir que el mundo necesita armonizarse contundentemente.

La voz de nuestra alma es ligeramente distinta de la voz con la que estamos acostumbradas a hablar, y se requiere mucho valor para dar con ella y revelarla al mundo.

Los momentos en los que la voz de mi alma sale con más fuerza es cuando escribo. Es profunda y sabia, es compasiva y maternal, es valerosa y perspicaz, es aterradora y fiera. Es el resultado de vidas de hablar claro y ser silenciada, de tristeza devastadora y de devoción absoluta.

Sé cuándo escribo desde el alma porque la energía de todo mi ser cambia, el estilo de escritura varía ligeramente y siento como si tirara de mí una suave corriente en un océano cálido y profundo.

Al ir apartando las sucesivas capas de nuestra personalidad y dejar que el alma empiece a hablar a través de nosotras, descubrimos que tenemos en realidad un mensaje muy claro que quiere salir al mundo. Cuanto más lo comunicamos, más claro se vuelve. Sin embargo, las más de las veces, para comunicar el mensaje que nuestra alma de verdad anhela expresar hay que ser extremadamente valiente.

Aunque sabía desde muy pequeña que mi vocación era escribir, enseñar y hablar, me aterraba la idea. Sabía que mi alma tenía una sabiduría que comunicar, pero siempre encontraba alguna excusa para no dar el paso, una u otra razón por la que no estaba preparada. De jovencita, me decía que no tenía ninguna experiencia de la vida que poder enseñar; una vez que tuve esas experiencias extremas, argumentaba que necesitaba aprender otros métodos antes de estar «preparada». Veía a otra gente andar su camino, y sabía que era similar al que tenía delante de mí esperándome, pero estaba paralizada por un miedo atroz del que no conseguía librarme. No era un miedo cualquiera; tenía la sensación de que si expresaba mi verdad, estaría poniendo en peligro mi vida.

Un día, antes de asistir a un taller de fin de semana, rogué al Universo que me ayudara a librarme de verdad de este miedo. La respuesta no se hizo esperar: el primer día del taller mi profesora Sonia me pidió que me acercara para trabajar la fijación a viejos patrones energéticos de vidas pasadas y dejarlos atrás. Sostenida emocionalmente por la clase, viajé de vida en vida, vidas en las que se me había traicionado y matado por expresar mi verdad: un erudito en la antigua Grecia, una bruja en la Edad Media, un esenio en tiempos de Jesucristo, un sacerdote en Francia, un místico en Egipto.

Fue viniendo a mí en cascada vida tras vida y el alma me mostró por qué me angustiaba tanto pensar en expresarme y dar un paso al frente. Mientras Sonia y la sanadora chamánica Debra Grace me guiaban, me permití recordar todo el dolor y dejarlo salir con las lágrimas y la voz. Lloré más de lo que nunca había llorado y le entregué a la luz el pesar, la ira, las traiciones sufridas y el dolor.

Entrar en contacto con esta angustia tan fuerte me permitió entender por qué me daba un miedo tan atroz dar un paso adelante. Ahora cuando siento el miedo a comunicarme, recuerdo a todos aquellos valerosos hombres y mujeres que mi alma ha encarnado y percibo su presencia a mi lado. Entiendo que todas esas vidas han desembocado en esta que estoy viviendo ahora y lo afortunada que soy por vivir en un momento de la historia en el que levantarse y hablar es más fácil de lo que lo ha sido nunca.

Aunque el alma recuerda el dolor, elijo que ese dolor me fortalezca. Permito que esas experiencias se trasluzcan en lo que escribo y les doy las gracias a todos esos hombres y mujeres extraordinarios por tratar de hacerse oír fueran cuales fueran las consecuencias. Si te está resultando muy difícil dar un paso y expresar la verdad de tu alma, es probable que tu alma tenga el recuerdo de haber sido rechazada en el pasado por hacerlo.

No ha habido un tiempo mejor en la historia que este en el que nos encontramos justo ahora para levantarnos y expresar nuestra verdad. No solo necesitamos esa verdad; también necesitamos expresarla. Si te da miedo expresarte, dar un paso y dejar que se te vea, recuerda que no estás sola y que, como dice inmejorablemente Sera Beak, «el planeta necesita ese singular tono de tu alma para armonizarse». A medida que cada una de nosotras nos levantamos y nos hacemos oír, facilitamos que quien viene detrás haga lo mismo.

ACTIVA TU LUZ

¿Qué miedo te está impidiendo hacer oír tu voz?

¿Qué hay detrás de ese miedo?

¿En qué se diferencia la voz de tu alma de tu voz habitual?

△

HABLA MÁS ALTO. NO TE OIGO

Habla más alto. No te oigo.

Quiero saber cuánto nos parecemos y que en realidad no estoy sola.

Habla más alto. No te oigo.

Quiero que tu voz me llegue al corazón y tu vibración me eleve.

Habla más alto. No te oigo.

Quiero que me cuentes cuánto has luchado y cómo
después de todo fuiste aún capaz de levantarte.

Habla más alto. No te oigo.

Quiero que tu viaje me inspire y me recuerde
que, quizá, un día muy pronto también yo puedo brillar.

Habla más alto. No te oigo.

AYÚDALAS A LEVANTARSE, NO LAS QUITES DE EN MEDIO

La comparación es un acto de violencia contra el yo.

IYANLA VANZANT

Ayúdalas, no las quites de en medio.

La señal del verdadero éxito es alguien que disfruta ayudando a levantarse a quien está a su alrededor. Levantémonos todas juntas; vamos a animarnos unas a otras, no a competir.

Cuando una mujer irradia su luz, le ilumina el camino a la siguiente. Hay suficiente gente dormida para que todas tengamos a quien despertar con nuestra luz. La próxima vez que veas a alguien levantándose, irradia tu luz sobre esa persona.

Brillarás con mucha más intensidad por ello.

ACTIVA TU LUZ

¿Con qué persona de tu vida compites?

¿Qué hay detrás de esa competitividad?

△
SI ESTÁS COMPITIENDO CON ALGUIEN...

Esa mujer de la que tienes celos, envidia, que tiene lo que tú quieres.

Es tú y tú eres ella. Y las dos estáis haciendo todo lo que podéis.

Esa chica con la que compites, que te saca de quicio, que no merece triunfar tanto como tú.

Es tú y tú eres ella. Y las dos estáis haciendo todo lo que podéis.

Esa jovencita que te sulfura, que ha llegado antes que tú, que está haciendo lo que tú tenías pensado hacer y ahora ya es demasiado tarde.

Es tú y tú eres ella. Y las dos estáis haciendo todo lo que podéis.

Esa señora que tuvo un golpe de suerte y aterrizó de pie.

Es tú y tú eres ella. Y las dos estáis haciendo todo lo que podéis.

Esa hermana que tuvo el valor de seguir su vocación y ahora con valentía irradia su luz.

Es tú y tú eres ella. Y las dos estáis haciendo todo lo que podéis.

Si prestas verdadera atención cuando miras a esa persona a los ojos, verás tu luz reflejada de vuelta.

Porque es tú y tú eres ella. Y las dos estáis haciendo todo lo que podéis.

MANTRA
Elijo no compararme con nadie.
Revelo mi auténtico ser y dejo que el Universo obre a través de mí,
sabiendo que lo que puedo ofrecer es valioso y suficiente.

△
SÉ ALENTADORA

Sé alentadora, no desalentadora.

La que quiere lo mejor para las demás y celebra su triunfo.

Sé alentadora, no desalentadora.

La que ve la luz en quienes la rodean
y cuando caen les recuerda que esa luz brilla en ellas.

Sé alentadora, no desalentadora.

La que es consciente de sus pensamientos de envidia,
pero elige reemplazarlos por otros.

Sé alentadora, no desalentadora.

La que lo admite cuando está deprimida pero no se siente
con derecho a arrastrar a todo el mundo con ella.

Sé alentadora, no desalentadora.

La que recuerda que en realidad estamos todas
en el mismo equipo.

HAY SITIO PARA TODAS

Hay sitio para todas. Tu maleta de talentos, experiencias, luchas, triunfos, energía y recursos es única, especial, incomparable. Tu porte, la ciudad donde naciste, tu voz, tu tamaño corporal, tu sonrisa..., abrázalos, no los cambies. Hay sitio de sobra para todas.

En esta era de las redes sociales, es fácil considerar que quienes han emprendido un camino similar al nuestro son la competencia. No dejes que el ego considere a esas personas seres separados de ti; en realidad estamos todas en el mismo equipo, no hay necesidad de competir.

Hay sitio suficiente para todas.

TU ALMA TIENE
COSAS QUE DECIR.

△

ES HORA DE DESMITIFICAR LA MÍSTICA

Los antiguos egipcios tenían la creencia de que había en el ser humano trescientos sesenta sentidos, conectados todos a los órganos del cuerpo (lo cual coincide con los chakras, como verás en las páginas 241 y 242). Aunque quizá vivamos en una sociedad tecnológicamente más avanzada, no estamos tan despiertos como estaban ellos.

El sexto sentido no está reservado para místicos y médiums; está igualmente a nuestro alcance. Solo tenemos que mirar en nuestro interior. Los místicos lo sabían. Pero hacer de dominio público este conocimiento no era precisamente lo que más les convenía a quienes intentaban tener bajo su dominio a las masas.

Conforme salimos de las sombras del sistema patriarcal (en el que son el poder y el control los que imperan), empieza a salir a la luz ese arquetipo femenino que es encarnación del aspecto femenino de la divinidad, la Energía Divina Femenina. Yo soy ella. Tú eres ella. Todas somos ella. Ella fue la abuela de nuestra abuela, y la abuela de la abuela de nuestra abuela. Ella es todas las mujeres que se negaron a dejar de levantarse. Y todos los hombres también.

Si despertáramos todas a nuestra naturaleza intuitiva, a nuestra fuerza interior y auténtica magia, el mundo sería un lugar muy distinto. Está ocurriendo, sin prisa pero sin pausa, y tú estás a la vanguardia.

Cuantas más tomamos conciencia de nuestra sabiduría interior y nuestro auténtico poder, más abrazamos la auténtica magia que habita en nosotras. Se abre una era en la que poder brillar sin peligro en todo el esplendor humanamente posible. Una era en la que hay sitio suficiente para que sigamos todas la vocación de nuestra alma y expresemos libremente nuestros talentos. Una era en la que estemos todas despiertas y vivamos conscientemente.

Mi deseo es que todas encontremos el valor para dar un paso al frente y señalar el camino. Que continuemos alzándonos sin hacer caso de quienes piensan que somos «demasiado». Ahora es el momento por el que a lo largo de la historia nos hemos alzado. Durante siglos, por este momento.

La Energía Divina Femenina está dentro de todas
y está lista para alzarse.

△

NUESTRA GRANDEZA SIEMPRE ACABA POR ALZARSE

Al permitir que su alma le cantara, lanzó los misiles de verdad silenciados durante vidas enteras cimentados en las más recónditas cavernas de su alma. Una voz acallada durante siglos, por decir demasiado, por levantarse demasiado, por ser demasiado.

Su intuición y grandeza reprimidas durante siglos. Pero se acabó. No se la pudo encerrar, enmudecer ni apagar ya más. Ni ahora ni nunca.

Dejando que su espíritu la llevara, bailó atravesando las llamas. El resentimiento, la ira y los recuerdos salían de un puntapié con cada convulsión ardiente, cada giro y cada patada. Al percibirla a lo lejos, una a una sus hermanas se le unieron, conocían esta danza de memoria.

El movimiento creó espacio para las lágrimas, que penetraron a mayor profundidad que todos los ríos y lagos de todos los tiempos. Calmando y refrescando la quemazón que un día envolvió su ser entero. Su cuerpo entero. Todos sus cuerpos. Los cuerpos de todas. Todos nuestros cuerpos.

Sin olvidar jamás. Pero aun así alzándose,
como había planeado.
Como habíamos planeado.
Alzándose y alzándose y alzándose y
alzándose y alzándose.
Hasta llegar más alto que todas las hermanas que
vinieron antes y que seguirán viniendo otra vez.

Nuestra grandeza siempre acaba por alzarse.

△

TIENES UN CORAZÓN ELÁSTICO

Tienes un corazón elástico. Puede crecer o expandirse de acuerdo con lo preparada que estés para recibir. Puede estirarse y llenarse de todo el amor y el apoyo ilimitados que fluyen por el Universo.

Si has tenido experiencias de verdadera angustia y desesperación en tu vida, sabrás que cuando parece que nada podría empeorar ya más, a veces empeora. Lo mismo ocurre con los momentos buenos, afortunadamente. Lo único que pone límite a la cantidad de bien que puedes recibir es la idea que tengas de la cantidad de bien que puedes recibir. Tienes un corazón elástico y tanta capacidad para la dicha como decidas que tienes. Y eso es mucha capacidad. De hecho, ilimitada. Así que, ¿cuánto bien puedes soportar?

MANTRA
Cada momento de cada día, espero
y recibo con alegría cosas buenas.

△

DEJA QUE EL UNIVERSO TE APOYE

El Universo está aquí para apoyarte tanto como se lo permitas. Muchos de mis clientes trabajadores de la Luz tienen un bloqueo con la cuestión de percibir una retribución abundante por el trabajo que hacen desde el alma, en especial los sanadores (no hace falta que seas sanadora para ser trabajadora de la Luz). Como si no fuera justo recibir verdadera prosperidad por dar amor, irradiar su luz y estar al servicio del mundo. Discrepo.

Dedicar la vida a algo superior no es nada fácil. Hay muchas cosas que necesitas para poder desempeñar tu trabajo; mereces que se te apoye mientras lo haces. En mi caso, en este preciso momento, dedico la mayor parte del tiempo a escribir y a trabajar con los clientes haciendo tutorías y lecturas de los registros akáshicos.

Para poder serles de utilidad necesito comer bien, meditar, descansar y seguir invirtiendo en aprender. Si atiendo a más de cuatro clientes al día, me quedo sin una gota de energía (trabajar en las esferas sutiles puede ser bastante cansado). No soy una pusilánime ni me asusta el trabajo (si acaso tiendo a trabajar más de la cuenta), pero he descubierto que no puedo serle de utilidad a nadie si no escucho a mi cuerpo.

El trabajo que estás llamada a hacer es inestimable. Por eso, quienes elijan responder a su más alta vocación y ponerse al servicio del mundo deben recibir abundante apoyo. Y así será en tu caso, si lo permites.

MANTRA

Me olvido del desenlace y permito que el Universo me apoye de formas que ni siquiera podría imaginar.

△

EXPANSIÓN Y CRECIMIENTO SIN FIN

¿Quieres saber qué diferencia hay
entre tu experiencia de la existencia
y la de un santo?
El santo sabe que
el camino espiritual es una sublime partida de ajedrez
con Dios
y que el amado
acaba de hacer una jugada tan fantástica
que el santo se pasa ahora el día
tropezando con la alegría
estallando en carcajadas
y diciendo: «¡Me rindo!».
Mientras que tú, querido mío, diría que todavía crees
que guardas bajo la manga un millar de jugadas muy serias.

«Tropezando con la alegría», Hafiz

Estamos todos juntos en esta escuela terrenal de la vida; el aprendizaje nunca termina. ¿Te has dado cuenta alguna vez de que, justo después de hacer un importante avance espiritual, el Universo pone en tu camino algo que te hace sentir que estás otra vez al principio?

Es muy frustrante porque la mente tiene un funcionamiento lineal, y le gusta pensar que estamos llegando a algo en concreto..., un destino definitivo, un punto final. Pero he acabado comprendiendo que en realidad lo único que hacemos es profundizar en el aprendizaje, comprender y recordar. Somos estudiantes y siempre debemos intentar experimentar con intensidad.

Cuando le decimos al Universo: «Por favor, úsame» o «Déjame serle de utilidad al mundo», es como si nos gritara: «¡Hurra!» y se dedicara a enviarnos todo lo que necesitamos para estar mejor preparadas a la hora de servir al mundo.

Esos acontecimientos, experiencias y personas que nos envía el Universo hacen todo lo posible por devolvernos el reflejo de la parte de nuestra sombra a la que no le vendría mal un poco de trabajo. Arrojando luz sobre todo lo que en este momento te está ocurriendo que te hará estar mejor preparada para servir al mundo con toda la capacidad que tienes. Si hay alguna sanadora o *coach* leyendo esto, sabrá a lo que me refiero. He tenido las sesiones más extraordinarias con clientes que estaban pasando exactamente por lo mismo que estaba pasando yo el día anterior.

> No hay un destino final al que llegar, no hay hora de llegada.
> Sino más de ti que abrazar y en lo que expandirte.

Una de mis amigas me recordó algo muy divertido sobre los santos. Me dijo: «¿Por qué crees que a la mayoría de los santos no se los considera santos hasta que han muerto? Es porque toda la gente que los conocía y hubiera podido hablar de lo humanos que eran han muerto también».

Me encanta.

En el viaje hacia la «iluminación» es importante recordar que somos humanas, y forma parte de ser humanas tener un ego. Por mucha que sea nuestra maestría, somos todas estudiantes y el aprendizaje nunca termina. Y eso es bueno. Pero cuando empezamos a aceptar las experiencias espinosas como oportunidades para crecer, lo que antes habría sido una especie de tsunami que arremetiera contra nuestra vida puede entenderse ahora como una oportunidad de expansión. Que es para lo que en realidad estamos aquí.

Lo fascinante de este tiempo que nos ha tocado vivir es que se está produciendo un despertar generalizado. En el pasado cuando alguien «despertaba» a menudo se retiraba de la sociedad y se iba a vivir a una cueva. Sin embargo, ahora creo sinceramente que se nos está llamando a integrar esa conciencia despierta en todas las esferas de la sociedad. Cada vez que una persona despierta, la frecuencia vibratoria del planeta se eleva también. Con cada decisión consciente que cada una de nosotras tomamos (ya sea meditar, dedicarnos a la profesión que nos llama o hacernos vegetarianas) contribuimos a elevar la conciencia cada vez más alta del planeta.

No hay maneras buenas ni malas de expandirnos y crecer, solo muchos caminos distintos.

Tu sistema de guía interior sabe cuál es el indicado para ti,
no dejes que nadie te diga lo contrario.

▲
ES HORA DE DAR UN PASO

El planeta está haciéndote señas. Engatusándote. Llamándote. Para que des un paso y te adentres en el ser total que eres. Para que des un paso y entres en toda tú. La gran tú. La tú completa. La que está llena de luz. Está ya en ti. Ríndete ante la inquietud. Ríndete ante la perturbación. Responde a la llamada. El mensaje eres tú. Ha llegado el momento. Se te necesita aquí. Pongamos manos a la obra.

△

NO NACISTE PARA QUEDARTE SENTADA

No naciste para quedarte sentada, en el gallinero o entre bastidores.

Levanta el telón, agarra el micrófono; tienes una canción que cantar.

Naciste con un mensaje; tienes algo importante que comunicar.

En lugar de resistirte a los anhelos de tu alma, haz
de tu vida una gran oración en movimiento.

Deja de esperar a que te den permiso, no finjas que estás ciega.

No te compares con nadie; eres única, incomparable e inimitable.

Hay un sitio en la mesa esperándote; se te ha asignado ya un asiento.

Ahora respira hondo, da un buen salto y prepárate a brillar.

Se ha acabado el estar sentada; sal del gallinero, de entre bastidores.

Levanta el telón, sal a escena, es la canción de tu alma
lo que necesitas cantar.

ILUMINA EL CAMINO.

△

PONTE A LA CABEZA

Ponte a la cabeza. Ya es la hora, estás preparada, tu alma te llama para que abras camino.

Si no acabas de tener valor para hacerlo por ti, hazlo entonces por Emma Ball, Ollie Neveu, Melanie Mackie y Sanja Plavljanic-Sirola. Hazlo por Marlene Gourlay, Kirsty Hobbs, Jennifer Mole y Bianca Young. Hazlo por Joanne Williams, Rosemarie St Louis, Bianca Filoteo y Anne-Marie Tiller. Hazlo por Roz Grimble, Jen Bollands, Zoe Brewer y Meghan Genge. Hazlo por Kay Blanchard, Brooke Steff, Vicky Maxwell y Jane Wright. Hazlo por Natasha Van Staden, Michelle Van Caneghem, Alexis Williams y Laura Paterson. Hazlo por Naomi Baird, Jessica Noyes, Narinder Bassan y Emily Johnston. Hazlo por Libby Horsman, Bethany Love, Sheila Ann Lacey y Suzan Ward. Hazlo por Victoria Cottle, Claire Ashman, Amelia Pearson y Lizzie Houlbrooke. Hazlo por Kimberley Jones, Susannah Lee, Cath Dreamcatcher, Melissa LaJoie y Louise Nyakoojo. Hazlo por Sonia Kaur, Jacquelyn Hayley, Tric Wright y Helen Thomas. Hazlo por Hayley Wintermantle, Carolyn Sykes, Heather Burke y Monika Laschkolnig. Hazlo por Renee Vos de Wael, Natalie Sneddon, Caya Munro y Ruthie Kolle Hayes. Hazlo por Jacqueline Hulan, Giallian Marks, Lisa Barner y Cornelia Blom. Hazlo por Laura Martin, Lesa Cochrane, Danielle Mercurio y Rachel Whitehead. Hazlo por Juliana Ilieva, Karen Anderton, Aoife Anastasia y Carol Harley. Hazlo por Viv Ferrari, Susanne Snellman, Kristy Blaikie y Frankie Stone. Hazlo por Kay Jackson, Jett Black, Sarah Hook y Susan Young. Hazlo por Lucy Paltnoi, Bill Gee, Louise Androlia y Emily Riggs. Hazlo por Georgina Davis, Tania Constantini-Zimmermann, Shelly Drew y Oeda O'Hara. Hazlo por Bekky May, Sarah Wilder, Lisa Caddick y Lucy Milan Davis. Hazlo por Rachel Savage, Yolande Diver, Vienda Maria y Carly Jennings. Hazlo por Annabelle Catherine Chambers, Nicola Phipard-Shears, Lisa Rose y Keyon Bayani. Hazlo por Jen Claire Harrison, Emma Pedersen, Nathalie Hollywood y Nicolle Smith. Hazlo por Gina Corneille Lilasong, Lizzie Bengal, Helen Hodgson y Ailish Lucas. Hazlo por Jo Kilma, Kathryn Davy, Sonja Lockyer y Alex Beadon. Hazlo por Kindra Murphy, Graciela Vega, Lauren Raso y Helene Reinbolt. Hazlo por Martha Brown, Diana Sophie Walles y Christina Walsh. Hazlo por Roslyn Tebble, Shelly Cameron, Debbie Bolton y Lucy Sheridan-Wightman. Hazlo por Bea de Bea's Baker, Lisa Marie Pittman, Renee de Villeneuve y Amanda Emmett. Hazlo por Belinda Kerruish, Madalyn DeMolet, Zoe Wells y Tiana-Marie Jones. Hazlo por Lily Holliday, Pauline Kehoe, Cllaire Brady y Amy Davidson. Hazlo por Loren Honey, Julia Davis, Anne-Marie Williams y Cassie Raine. Hazlo por Kate Sawyer, Marrsha Troyer Massino, Lindsay Pera y Jennifer Caine. Hazlo por Jojo Williams, Jenifer Mole, Jayne Goldheart y Lisa Crowned Jewelz Davis. Hazlo por Fiona Pearson, Gillian Marks, Jacqueline Haley y Claire Maria Atkins. Hazlo por Marisa Madeline Beatey, Emma Pechey, Fiona Radman y Betsy Bass. Hazlo por Jennifer Cainssino, Lindsay Perawyer, Julia Davis, Clare Sophia Voyant y Katie Gee. Hazlo por Sheila Dickson, Dana May, Amy Firth y Jaqueline Kolek. Hazlo por Cath Dreamdancer Gearing, Adriana Zooma, Zoe Caldwell y Peg Watt.

Hazlo por tu mejor amiga y tu hermana, tu tía y tu madre.

Hazlo por todas las mujeres que te precedieron y todas las que vendrán.

Hazlo por todas estas mujeres, y por todas las demás.

Pues cuando te vean ponerte al frente, tendrán el valor de hacerlo ellas también.

CARTA A UNA TRABAJADORA DE LA LUZ II

Es el amanecer de un nuevo día y el día de un nuevo amanecer.

Tienes poder para provocar un cambio global con solo ser tú.

Cada decisión que tomas crea una onda expansiva en el mar de interconexión que une la totalidad de la vida; nada es demasiado grande ni pequeño, cada acto consciente cuenta.

Déjate guiar por lo que te ilumina por dentro y hace que te sientas expansiva. No te preocupes por lo que sea, lo que la gente pueda pensar o cómo debería hacerse. Solo disuélvete en hacerlo e invita al Universo a que obre a través de ti.

Ve «adentro» cada día. Siéntate contigo y escucha. Tu Gurú Interior debería ser la única autoridad de tu vida. Pídele que te alumbre el camino.

Tu alma sabe cuál es el camino más rápido a casa. Haz caso de sus susurros, sobre todo cuando te diga algo que no quieres oír.

Permuta el afán de emplear el control y la fuerza por permitir
y confiar. El Universo está esperando para apoyarte.
Pero antes tienes que dar el paso.

Respira hondo para atravesar el miedo o exprésalo
en voz alta pero, hagas lo que hagas, no lo escondas.
Siéntate tranquilamente con él y ve lo
que es en realidad...: una invitación a expandirte. Acepta la invitación.

Expandirte no significa que debas empujar a nadie ni imponerle
tu energía. Se puede brillar también desde el silencio,
no necesitas ser extrovertida para expandirte. Y el Universo
se expande cada segundo. Por mucho que crezcas,
siempre va a haber sitio más que suficiente.

«Ser la luz» no exige un esfuerzo agotador, pero sí
exige un compromiso constante. Comprométete ahora.
Y ahora. Y ahora.Y ahora. Y ahora.
Y ahora. Y ahora. Y ahora. Y ahora.

No eres normal, eres extraordinaria. El intento de encajar
no funcionará nunca. No naciste para vivir en una caja. Desbórdate.
Expándete. Ocupa espacio. No hacerlo sería una lamentable pérdida.

Acoge la energía que quiere manifestarse a través de ti.
Hay libros esperando a ser escritos,
discursos esperando a ser pronunciados,
montañas esperando a ser escaladas
y bebés esperando a ser dados a luz.
Levanta la mano, da un gran salto y disfruta del viaje.

Es el amanecer de un nuevo día y el día de un nuevo amanecer.

Gracias por iluminar el camino.

△

EL EJÉRCITO DE LA LUZ RECLUTA CONTINUAMENTE

¡El Ejército de la Luz te necesita! Se te recluta para que ilumines el mundo siendo tú. A cambio de que irradies tu luz como solo tú puedes irradiarla y de que escuches las llamadas de tu alma, el Universo te apoyará plenamente.

ADVERTENCIA: es posible que tus sueños no se materialicen como tú piensas. Hay bastantes probabilidades de que se concreten en algo mucho mejor de lo que nunca hubieras podido imaginar.

Nombre: ....

Firma: ....

Nombre: ..El Universo...

Firma: _el Universo_ ....

NO TENGO MIEDO.
NACÍ PARA
HACER ESTO

JUANA DE ARCO

△

GRACIAS

Aquí estamos, al final de estas páginas, pero quién sabe si quizá justo al principio de un viaje más largo juntas.

Espero de todo corazón que estas palabras te hayan servido de algún modo para volver a casa, a la sabiduría de tu alma.

A veces las palabras no pueden expresar todo lo que el corazón siente, pero confío en que tu corazón y tu alma captarán lo que falte.

Que estés aquí importa, que te levantes importa, que te expandas importa. Importa tu valentía, importa tu conciencia, importa que hagas brillar tu luz. No hay acto demasiado grande ni demasiado pequeño. Levántate, una vez y otra, sin fin.

Gracias por tu presencia, por estar presente y por tu luz.

Gracias por servir al mundo siendo tú.

¡Estoy tan contenta de que estés aquí!

Solo amor,

Rebecca

UNA SOLA COSA

Si pudieras quedarte con una sola cosa de este libro, me gustaría que fuera esta: que tu alma está continuamente llamándote hacia lo que hará realidad tu plenitud, tu fluir, tus sueños y tu propósito (y todo lo demás). Pero tienes que querer oírla.

Una práctica espiritual innegociable es la única manera que he encontrado de hacerlo. Atiende a las llamadas de tu alma, y el Universo abrirá los brazos para acogerte y apoyarte.

En pocas palabras: medita todos los días.

Y espera a que se obre la magia.

△

RECRÉATE EN LA LUZ UN POCO MÁS*

Apúntate a la lista

Añade un poco de luz a tu buzón de entrada registrándote para recibir mi circular en www.rebeccacampbell.me/signup.

Damas de la Luz

Conecta con otras hermanas del alma afines en www.ladiesofthe-light.com.

Oráculo para una orientación instantánea

Si necesitas un poco de orientación prueba el Instant Guidance Oracle en www.rebeccacampbell.me/instant-guidance.

Para profundizar más

Si después de ahondar en este libro quieres profundizar más, consulta los cursos y tutorías que ofrezco en Internet en www.rebecca-campbell.me.

---

* N. de la T.: sin traducción al castellano, por el momento.

Conecta

Puedes contactar conmigo en:
www.rebeccacampbell.me.
www.facebook.com/rebeccathoughts
www.instagram.com/rebeccathoughts
www.twitter.com/rebeccathoughts
www.pinterest.com/campbellrebecca

△

TE RECOMIENDO

Libros

Julia Cameron. *El camino del artista* (Aguilar, 2011).

Abraham-Hicks. *Pide y se te dará* (Urano, 2005).

Miranda Macpherson. *Boundless Love* (Ebury Press, 2002).

Elizabeth Gilbert. *Come, reza, ama* (Punto de lectura, 2017).

Flo Calhoun. *I Remember Union* (All Worlds Pub, 1992).

Doreen Virtue. *El camino de los trabajadores de la luz* (Arkano Books, 2013).

Meggan Watterson. *Reveal* (Hay House, 2013).

Seth Godin. *Tribus: Necesitamos que tú nos lideres* (Ediciones Gestión 2000, 2009).

Sonia Choquette. *Walking Home* (Hay House, 2014).

Steven Pressfield. *The War of Art* (Black Irish Entertainment LLC, 2012 [eBook en castellano disponible en Amazon]).

Kyle Gray. *Wings of Forgiveness* (Hay House, 2015).

Danielle LaPorte y Linda Sivertsen. *Your Big Beautiful Book Plan*.

Música

Krishna Das: www.krishnadas.com.

Chloë Goodchild: www.thenakedvoice.com.

Baird Hersey: www.bairdhersey.com.

Jai Jagdeesh: www.jai-jagdeesh.com.

Lista de reproducción de *Light Is The New Black*: www.lightisthe-newblack.com.

Gurunam Singh: www.gurunamsingh.com.

Nikki Slade: www.freetheinnervoice.com.

Eventos y cursos

B School: www.marieforleobschool.com.

Mujeres emergentes: www.www.emergingwomen.com.

Taller de escritura organizado por Hay House: www.www.hayhou-se.co.uk.

Escuela de mística moderna: www.schoolofthemodernmystic.com.

Vivir con los seis sentidos: www.www.soniachoquette.com.

Clases magistrales de adictas al espíritu: www.spiritjunkies.com.

Spirited Sessions: www.thespiritedproject.com.

△

AGRADECIMIENTOS

A mi profesora y mentora, Sonia Choquette, por todas las enseñanzas (¡incluso en sueños!), por mostrarme el camino en medio del derrumbe del pasado, por animarme a enseñar y a escribir y por entregarle este libro a Michelle, de Hay House.

A Craig Gourlay, por darme la experiencia de ascender en el amor, por volar en la alfombra mágica conmigo, por ser un ocho y por todo el aliento y el apoyo que me has dado mientras he estado escribiendo estas páginas (¡y por aguantar mi extremo desorden!).

A Trevor y Julie Campbell, por enseñarme la importancia de la educación, darme todas las oportunidades imaginables, apoyarme a cada paso del camino y darme alas para volar sola.

A Angela Wood, por tu amistad, tu aliento, tu inmenso corazón, todas las conversaciones profundas y trascendentales, y por ser hasta tal punto catalizadora de mi despertar.

A Blair, Wildcat y Adrian, por todos los buenos momentos y por enseñarme a vivir de verdad.

A Matt, por tu aliento incondicional y por todo el desarrollo que ha sido posible gracias a nuestra relación.

A Amy Firth, por tu fraternidad y por ayudarme a revisar el relato inmejorablemente. A Sheila Dickson, por tu amistad y por entusiasmarte aún más que yo cuando ocurre algo bueno.

A Chela Davidson, por apoyarme en mitad del salto. A Andrrea Hess, por ofrecerme una percepción profunda de quién soy a nivel del alma y lo que he venido a hacer. A Nikki Slade y Gail Larson, por ayudarme a liberar la voz de mi alma. A Miranda Macpherson, por tus transformadoras enseñanzas y esa energía silenciosa y envolvente. A Gurunam Singh, Khrishna Das, Baird Hersey y Jai-Jagdeesh, por vuestra música devocional que me llega al corazón como ninguna.

A Jaqui Kolek, Louise Androlia y mis hermanas del Six Sensory Mastermind (Betsy Bass, Monika Laschkolnig, Susanne Snellman, Fiona Radman y Sanja Plavljanic-Sirola), por vuestro apoyo, vuestro eterno aliento y por creer en mí. Y a Robyn Silverton, por nuestra sociedad llena de espíritu de vida.

Al equipo entero de Hay House UK, en especial a Michelle Pilley, gracias por acogerme en la familia de Hay House y darle un hogar a mi obra.

A mi coordinadora editorial y buena amiga Amy Kiberd, gracias por tener una visión tan clara de cómo dar forma a estas páginas y por hacer de nuestra colaboración una sagrada alegría. ¡Estoy tan orgullosa de lo que hemos creado juntas!

A Julie Oughton y Sandy Draper, por pulir este manuscrito con una magnífica mezcla de amor y extremada atención al detalle. A Jo Burgess, Ruth Tewkesbury, Jessica Corckett, Tom Cole, Leanne Siu Anastasi y Diane Hill, por ir siempre un poco más allá de su responsabilidad profesional y ser tan fraternales y competentes. Es un sueño hecho realidad trabajar contigo, Tom, y con cada una de vosotras.

A Reid Tracy, Patty Gift, el equipo de Hay House USA, The Writer's Workshop y Leon Nacson y Rosie Barry de Hay House Australia, por dar alas a *Light is the new black*. A Versha Jones (RU) y Michelle Polizzi (EUA), por los preciosos diseños de la cubierta*.

A Louise Hay, Maya Angelou y todas las mujeres de todas las épocas que con valentía se han alzado, fueran cuales fueran las repercusiones, gracias por abrir un camino épico y hacer posible que hoy las

---

*N. de la T.: De la edición original.

mujeres como yo podamos expresar con más libertad que nunca el mensaje de nuestras almas.

A los Consejos de la Luz, la Madre Divina, María Magdalena, mis espíritus guía, mis antepasadas y la Fuente, gracias por vuestros susurros constantes, vuestra orientación y apoyo a lo largo de toda mi vida, sobre todo en los momentos en que los he ignorado.

A todos mis clientes, alumnos y seguidores en las redes sociales, gracias por estar presentes y dejarme compartir lo que llevo en el corazón.

Y por último, pero ante todo, a ti, querida lectora, gracias por responder a mi llamada y estar tan dispuesta a hacer brillar tu luz. Tú eres mi bendición.

Todo mi afecto,

Rebecca

△

SOBRE LA AUTORA

Rebecca Campbell es escritora, conferenciante motivacional, guía espiritual y consejera intuitiva.

Es una de las voces más frescas del panorama espiritual en este momento, apasionadamente entregada a ayudar a la gente a conectar con su intuición para poder alcanzar una vida espléndida tanto en el aspecto personal como también profesional.

Haciendo uso de su experiencia como prestigiosa directora creativa en el mundo de la publicidad, Rebecca alienta a sus alumnos y seguidores a iluminar el mundo con su auténtica presencia, a dejar «Que tu espíritu sea tu marca».

Imparte talleres con regularidad y ha aparecido en diversas publicaciones, como *The Sunday Times Style* y *Psychologies*.

Es originaria de las soleadas playas de Sídney y ahora vive en Londres, pero pasa la mayoría de los veranos en Australia recargándose de energía con de su dosis de agua salada sol.